武術特輯
82

現代散打

梁亞東 編著

大展出版社有限公司

國家圖書館出版品預行編目資料

現代散打／梁亞東　編著
　　——初版，——臺北市，大展，2006〔民95〕
　　面；21公分，——（武術特輯；82）
　　ISBN　957-468-468-7（平裝）

1.拳術—中國
528.97　　　　　　　　　　　　　　　　95008316

現 代 散 打

ISBN 957-468-468-7

編　　著／梁 亞 東
責任編輯／劉　　虹　譚 學 軍
發 行 人／蔡 森 明
出 版 者／大展出版社有限公司
社　　址／台北市北投區（石牌）致遠一路2段12巷1號
電　　話／（02）28236031・28236033・28233123
傳　　眞／（02）28272069
郵政劃撥／01669551
網　　址／www.dah-jaan.com.tw
E－mail／service@dah-jaan.com.tw
登 記 證／局版臺業字第2171號
承 印 者／高星印刷品行
裝　　訂／建鑫印刷裝訂有限公司
排 版 者／弘益電腦排版有限公司
授 權 者／湖北科學技術出版社
初版1刷／2006年（民國95年）7月

定　價／200元

前　言

　　中外搏擊運動項群內容豐富、形式多樣，見之於世界競技運動大雅之堂的就有中國散打、泰國泰拳、韓國跆拳道、日本柔道、西洋拳擊以及民間推崇的中國跤術、擒拿術等。近年來，跆拳道、柔道、拳擊已被列為奧運會正式比賽項目，其他項目也已步其後塵，風靡世界各地。道館、拳社、俱樂部如雨後春筍，各類賽事爭相鬥艷，競技場上的較技、民間的鬥智較勇給人們生活帶來了無窮的樂趣。搏擊運動亦逐漸成為人們強身健體、修身自衛的重要習練項目。

　　中外搏擊運動項群是各國人民在長期的生產實踐、戰鬥實踐、健身實踐中總結出來的變幻奇特的技擊精華，是世界搏擊技藝的智慧寶庫。實踐證明，系統有序地長期習練，既可陶冶情操，培養勇敢頑強的意志品質，亦可增強體質，掌握防身自衛的搏擊技能，特別是其中的計謀方略，蘊含著深邃的哲理，對人的生存和發展，甚至家庭、生活、事業都具有不可估量的積極和深刻的影響，因此，深受群眾喜愛。

　　據有關資料統計，喜愛中外搏擊運動項群的青少年占調查對象的 41％ 以上，男性青少年占到 60％ 左右。可見推廣搏擊技藝是群眾之所需，亦是實施我國「全民健身」國策的重要任務之一。

　　北京申奧成功，爲我國體育運動的發展帶來了難得的機遇，也爲廣大體育工作者創造了施展抱頁的廣闊天地。武漢體育學院一批中青年碩士生、講師、副教授基於這種「機遇」的責任感和使命感，爲滿足廣大體育愛好者對中外搏擊運動習練的積極性和要求，在繁忙的教學訓練之空暇，編撰了這本中外搏擊運動普及讀物，以示對北京申辦奧運的成功盡綿薄之力。

　　本書技術、理論精選合理、重點突出；圖文並茂、簡單易學，是廣大業餘愛好者看圖索驥、自修自練的最通俗的讀本。我衷心地祝願本書能給廣大讀者帶來健康和安全的福音。

　　限於編者的水準，書中謬誤之處，誠盼專家和讀者不吝賜教。

　　　　　　　　　　　　　　　江百龍

目　錄

概　述

一、散打運動的起源與發展

　　散打，是中華民族傳統體育的瑰寶——武術運動的對抗性形式，是兩人按照一定的規則，運用武術中的踢、打、摔和相應的防守等技法進行徒手對抗的現代競技體育項目。

　　它是中國武術的重要組成部分。散打比賽中運動員雙方智能、技能、體能和心理素質綜合抗衡，具有高度的攻防實戰性和激烈的對抗性。

　　散打，俗稱散手。它在我國歷代有諸多的稱謂，如相搏、手搏、白打、拆手、相散手和技擊等。

　　現代的散打運動，雖然具有高度的格鬥搏擊性能，但作為一項競技體育項目，就必須遵循體育競技運動的規律和要求，所以《武術散打競賽規則》嚴格規定了禁擊部位和得分部位、禁用方法和可用方法。

　　對傳統的實用散打技術進行了有目的的捨取和整合，使之符合體育競賽的特點。最終使傳統武術散打的思想觀念和價值觀念發生了質的變化，成為了具有體育屬性的競技運動項目。

(一) 散打運動的起源和歷史

　　散打運動的歷史極其悠久。它的發端可追溯到遠古時我國先民的生產活動。遠古時期，人類為了生存，除

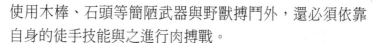

使用木棒、石頭等簡陋武器與野獸搏鬥外，還必須依靠自身的徒手技能與之進行肉搏戰。

在雲南的滄源原始岩畫中，就有人與野獸搏鬥的描繪：兩人雙臂展開與獸搏鬥，另有一人兩手各持短棒似赴援者。在搏鬥中，人們自然要本能地做拳打、腳踢、躲閃、跳躍、摔跌、擒拿等動作以「手格猛獸」。

長此以往，隨著搏鬥經驗的不斷積累，人們也就逐漸獲得了使用武器和徒手格鬥的搏擊技能。這應該說是武術格鬥技法的萌芽。尤其是私有制萌發後，部落間的戰爭使人與人「相搏」的技能不斷發展，從奴隸社會西漢時期的儲具圍雕《格鬥》上看，就生動地展現了徒手相搏的場景。

到了春秋戰國時期，徒手搏鬥技術，如「相搏」、「技擊」、「拳勇」等已較為普遍開展。相搏攻防技術中，除拳打、腳踢外，摔法、拿法也有了發展。如《公羊傳》中記載的「萬怒，搏閔公，絕其脰。」「絕其脰」就是擒拿中的鎖喉法。

這一時期，搏鬥戰術也有了一定的發展，如《荀子·議兵篇》記載：「若手臂之捍頭目，而覆胸腹也，詐而襲之與先驚而後擊之，一也。」從中可以看出徒手相搏，已有驚上取下、佯攻巧打的戰術運用。

秦漢時期，徒手格鬥被稱為「手搏」。據有關史料記載，當時的比賽已較正規，比武較技時有裁判人員主持，使搏鬥技藝有了進一步的發展。這一時期還有理論專著問世，如《手搏六篇》（載於《漢書·藝文志》，

可惜亡佚了。

隋唐五代時期，手搏、角抵倍受重視，發展較快，比賽幾乎形成制度。在正月十五及七月十五中元節多有手搏、角抵比賽。《隋書》記載了當時比賽的熱鬧場景：在大業六年，來自各地的高手雲集在端門街，各獻「天下奇技」。一比就是幾天，甚至「終月而罷」。這一時期的比賽，沒有護具及體重分級，除擊打外，主要靠摔倒對手取勝。

兩宋時期，手搏與角抵在民間更為流行。當時，民間每年都要舉行「露臺爭交」的比賽。比賽還有了相應的「規則」：比賽分三個回合；規定比賽中不准「揪住短兒」、「拽起袴兒」。可以「拽直拳，使橫拳」、「使腳剪」。拳打、腳踢、絆摔都可以。我國較早記載角抵、手搏的武術專著《角力記》，也在這一時期問世。

到了元代，由於統治者嚴禁民間持有兵器和習武，並採用了殘酷的鎮壓手段，因而民間練武活動沒有史料記載。但無數次的起義又推動了民間武術搏擊的發展。這一時期的武藝，主要以家傳方式秘密傳授。

明代，是中國古代武術承上啟下的重要發展時期，也是我國民間武術進入全面成熟的時期。武技在保留技擊特點的基礎上，逐漸產生了流派林立的套路技術。

此時的手搏多稱為「白打」或「搏擊」，被列為當時的「十八般武藝」之中。民間的「打擂臺」比武之風很盛。

賽前先投擂主，由擂主安排好高手準備應戰。為避免糾紛，凡願與其較量高低的人，臨場立好「生死文書」，然後上「獻臺」攻擂。比賽由「布署」主持裁判，並規定「不許暗算」，先敗下臺的為輸。

清代，統治者也是嚴禁民間練武。但伴隨著農民運動及秘密結社組織，出現了不少練武的「社」、「館」。各館兄弟「操練武藝」，經常透過比武較量來發展技藝。武技流派之多達到了空前的地步，流行的技術風格各異的套路有幾百種之多。

民國初期，習武開禁，拳技之風蓬勃一時。技擊大師霍元甲在上海創立了「精武體育會」；中央國術館也相繼成立，並於 1928 年 10 月 28 日在南京舉行了「第一屆國術國考」。國考設有散打比賽，不分級別，不帶護具，打法不限流派。比賽中，凡用手、肘、腳、膝擊中對方有效部位得一點，凡擊中對方眼部、喉部、襠部為犯規，三局兩勝。1933 年中央國術館在南京舉行了「第二屆國術國考」，設有男、女散打比賽，以「點到為止」決勝負。

(二) 散打運動的發展和現狀

新中國成立後，武術被作為優秀的民族文化遺產加以繼承和發展。1952 年，武術正式被列為推廣項目，主要將武術套路運動形式作為表演和競賽的重點；武術散打也被作為試點項目列入全國體育院系教材。

1979 年 3 月，隨著全國「武術熱」的興起，為全面

繼承和發展武術這一古老的傳統文化遺產，原國家體委決定按照競技體育的模式首先在浙江省體委、北京體院和武漢體院三個單位進行武術對抗項目的試點訓練，以取得經驗後再全面推廣。同年 5 月，在廣西南寧舉行的全國武術觀摩交流大會上，試點單位作了首次匯報表演。10 月，在第 4 屆全國運動會上，國家體委又調浙江、北京體院、武漢體院和河北散打隊赴石家莊賽區進行了公開的表演。

1980 年 5 月在太原市舉行的全國武術觀摩交流大會上，進行了散打表演的省、市較前增多，北京體院和武漢體院進行了內部技術交流和座談，為武術散打技術的規範和提高起到了促進作用。同年 10 月，國家體委又調集散打試點單位的有關人員開始擬定《武術散打競賽規則》（徵求意見稿）。

1981 年 5 月，在瀋陽舉行的全國武術觀摩交流大會上，北京體院與武漢體院進行了第一次公開對抗表演賽。1982 年 1 月制定了《武術散打競賽規則》（初稿），並按此規則在北京舉行了全國武術對抗項目（散打）邀請賽。

自此，散打本著「積極、穩妥」的原則，每年都舉行一次全國性的武術對抗項目（散打）表演賽。並不斷總結經驗，充實和完善規則。1987 年的表演賽，首次採用了設臺比武的辦法，從而確定了以擂臺為民族特色的武術對抗項目競賽形式。

1989 年，散打被批准為國家正式比賽項目。1991

年，經國家體委審定，《武術散打競賽規則》正式出版，並實行裁判員、運動員等級制度。

1993 年第 7 屆全國運動會把武術散打列為全運會正式比賽項目，設男子團體 1 塊金牌。第 8 屆全國運動會將金牌增到 3 塊，並分設大、中、小三個組別的比賽。第 9 屆全國運動會又將金牌總數增到 6 塊。目前，全國各省、自治區、直轄市和各行業體協、解放軍等 30 多個單位組建了代表隊。散打的競賽規則、教學訓練、科研及裁判等已形成較為系統的組織程序和體系，標誌著武術散打運動正健康地向前發展。

為了讓武術走向世界，中國武術研究院和中國武術協會於 1988 年 10 月舉辦了首屆國際武術節，並在深圳會場首次舉行了國際武術散打擂臺邀請賽。來自 15 個國家和地區的近 60 名運動員參加了為期 3 天 7 個級別的角逐，我國參賽的 5 名運動員分獲 5 個級別的冠軍。這是首次向世界展示武術散打的風姿。

1990 年正式成立了「國際武術聯合會」，並在北京舉辦了「迅華杯」國際武術散打邀請賽。1991 年，國際武術聯合會在北京舉辦了第 1 屆世界武術錦標賽，散打被列為表演項目。在此後每兩年一屆的世界武術錦標賽上，散打都被列為正式比賽項目。

此外，1992 年在香港舉行的第 3 屆亞洲武術錦標賽上也把散打列為表演項目。在 1996 年菲律賓舉行的第 4 屆亞洲武術錦標賽上，散打被列為正式比賽項目。1998 年在泰國曼谷舉辦的第 13 屆亞洲運動會上，散打被列為

正式比賽項目，並設立了 5 個級別的金牌。

目前，散打運動正在世界上蓬勃地發展，世界上已有 80 多個國家和地區開展或準備開展散打項目。透過大量的反饋信息得知，散打項目現在已越來越受各國人民的接受和喜愛。

各洲和各國的武術組織還運用各種形式經常舉辦洲際的和本國的武術散打比賽。所有這些，都為武術散打真正走向世界、進入奧運會打下了堅實的基礎。

(三) 散打運動的特點和作用

1.散打的特點

(1)體育性

現代的散打運動，雖然具有高度的格鬥搏擊性能，但作為一項競技體育項目，遵循體育競技運動的規律和要求。「規則」嚴格規定了後腦、頸部、襠部為禁擊部位和一些禁用方法，對傳統的追求「致人傷殘」的實用散打技術進行了有目的的捨取和整合，使之既突出地反映了武術的特殊本質——技擊性，又符合體育競賽的特點。

(2)對抗性

對抗性的技擊內容是武術散打的基本特徵。比賽雙方沒有固定的動作順序，而是互以對方的技擊動作隨機施技。拳、腿、摔立體攻擊，攻防瞬間轉化，運動員雙方始終處於限制與反限制、制約與反制約的劇烈爭鬥

中，比賽緊張、激烈，對抗性強。

(3)民族性

武術散打是中華民族優秀的文化遺產，是在中國特定的社會歷史條件下逐漸演變發展形成的，因而它具有鮮明的民族特色。

散打的比賽形式採用的是傳統的「打擂臺」方式，與西方有圍繩的自由搏擊之「凶鬥惡拼」不同。在技法上，各武術流派的攻防招法（禁用方法除外）都屬於散打技術的運用範圍，內容豐富、技法繁多，「遠踢、近打、貼身摔」，亦與國外的徒手對抗項目如拳擊、跆拳道、泰拳、空手道、柔道等有著明顯的區別。

2.散打的作用

(1)健體防身

大量的實踐證明，散打訓練能夠提高人體的力量、速度、耐力、靈敏、柔韌等身體素質，提高心血管系統、呼吸循環系統的機能，以及中樞神經系統的靈活性。所以經常進行散打訓練，能使人的身心得到全面的鍛鍊，增強體質，增進健康。

散打的本質特點決定了它具有防身自衛的功能。散打訓練，能夠提高人們自強自信的能力，並能掌握對抗中的攻擊與防守的格鬥技巧，一旦身體遭受侵犯，或在見義勇為的行為中能夠有效地保護自身不受傷害。

(2)陶冶情操

散打訓練能夠陶冶情操，鑄就優良的意志品質。長

期的散打訓練枯燥、單調，並要克服在練習或比賽中給自身肉體帶來的疼痛、疲勞，甚至傷病的折磨；要戰勝對手，還要克服懦弱、膽怯等不良的心理因素。因此，經由散打運動的鍛鍊，可以培養人的勇敢、頑強、堅毅、果斷的優良意志品質和敢於拼搏、積極向上的精神。

由於散打運動的對抗特點，在習練的整個過程中亦是進行和加強武德修養的過程。如尊師重教、友愛團結、誠實守信等。在比武較技中提倡互相學習，切磋技藝，反對爭凶鬥狠，培養勝不驕、敗不餒的優良品德。

(3) 觀賞娛樂

武術散打的擂臺搏擊形式，有著極高的欣賞價值和極強的娛樂功能，歷來為人們所喜聞樂見。散打對抗中的較力鬥勇、較技鬥智、英武壯烈的場景，給人以美的感受，不僅可以領略搏擊格鬥的奇招妙技，還可品味開拓人生、百折不撓的精神內涵，啟發人們的拼搏意識和積極進取的人生態度。

在習練散打的過程中，能感受攻防格鬥技巧之千變萬化，技法之奧妙、精深，技理之深邃，並使自己自信和自強，為習練者帶來了歡悅和滿足。

(4) 增進交流

散打具有增進交流的功能。從其對抗的本質上講就是一種交流，經由對抗切磋交流了技藝，提高和發展了散打運動的技術水準。

國際上的武術散打比賽，使更多的人了解了中國武

術，更多的人了解了中國文化，而且也增進了各國運動員之間的了解和友誼，促進國際文化交往。

二、散打的基礎知識

透過散打基礎知識的學習，了解和掌握在現代武術散打比賽中用於攻擊的部位和基本方法，以及人體的要害部位及薄弱關節，將有助於對散打具體攻防技術動作的理解和掌握，預防和減少傷害事故的發生。

（一）用於攻擊的部位及方法

1.手

手的攻擊包括拳和掌兩種。

（1）拳

四指併攏捲握，拇指彎曲緊扣在食指和中指的第二指節上。拳握緊，拳面平，直腕。拳眼朝上為立拳；拳心朝下為平拳。

拳的打擊力點主要有拳面、拳峰、拳輪、拳指。在散打實戰中的運用方法主要有沖拳、摜拳、抄拳、鞭拳、劈拳和蓋拳等。

（2）掌

四指併攏伸直，拇指彎曲緊扣於虎口處。翹指坐腕，掌心斜朝前，掌指朝上為立掌；扣腕，掌心斜

下，小指側朝前為橫掌。

掌的打擊力點主要有掌根、掌刃等。在散打實戰中的運用方法主要有推掌、劈掌和砍掌等。

2.肘

上臂抬起，前臂彎曲、夾緊，使尺骨鷹嘴部位凸出形成肘尖。

肘的打擊力點主要有肘尖、肘尖前側、肘尖後側。肘法在現代競技散打比賽中屬於禁用方法；在格鬥中的運用方法中主要有頂肘、橫肘、挑肘、劈肘和砸肘等。

3.膝

大腿抬起，小腿彎曲、夾緊，使髕骨及膝關節部位凸出形成膝尖和周圍尖端面。

膝的打擊力點主要有膝尖、膝尖上側和膝尖下側。膝法在現代競技散打比賽中屬於禁用方法；在格鬥的運用方法中主要有頂膝、撞膝、沖膝、跪膝和飛膝等。

4.腳

腳的打擊力點主要有腳尖、腳跟、腳掌、腳背和腳的內、外側。在散打實戰中的運用方法主要有彈腿、蹬腿、踹腿、掃腿、掃擺腿、勾踢腿和截腿等。

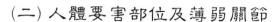

（二）人體要害部位及薄弱關節

1.人體要害部位

（1）頭　部

頭部有聽、視、嗅覺器官，以及顱腔內的大腦、小腦等重要神經中樞。其要害部位太陽穴、後腦和下顱，若受到劇烈打擊，會使人昏迷，甚至死亡。眼、鼻部三角區，神經、血管分布相當豐富，痛覺極為敏感，受到打擊時疼痛難忍，甚至因此而喪失戰鬥力。

（2）頸　部

頸部中間有咽喉，是食道、呼吸的器官，當受到打擊和卡掐時，可使呼吸困難，窒息而死；兩側有頸動脈血管，若受到劇烈擊打、掐壓，會使人休克，甚至猝死。

（3）胸　部

上胸部鎖骨較薄弱，如若受到劇烈打擊易骨折；胸腔內有心、肺等重要器官，若受到劇烈打擊或壓迫，會使心肺受到損傷，失去正常功能。

（4）腹　部

腹腔內有肝、脾、胃、腎、膀胱等重要器官，腹腔神經末梢豐富，受到劇烈打擊時，會造成劇痛，引起惡心嘔吐，甚至昏厥；若造成內臟出血，還會危及生命。

（5）肋　部

肋部左右共有 12 對肋骨。若受到劇烈打擊或壓迫，

會造成劇痛、骨折，甚至損傷內臟器官。

(6)腰　部

腰部是維持身體姿勢、傳導重力的重要部位。若背後受到拳打、腳踢等突然暴力時，會造成腰椎、腎臟損傷。

(7)襠　部

襠部有生殖器官，同時也是人體神經末梢最豐富的部位。若受到劇烈的頂、撞、踢、揪，會造成劇痛、休克，甚至死亡。

2.人體薄弱關節

(1)頸部關節

頸部關節是人體活動最多、靈活性最強的一個部位。由七塊頸椎骨串聯形成椎管，椎管內有脊髓通過。若受到劇烈打擊或擰轉頸部超過一定的限度，會導致頸椎脫位、骨折，重者會危及生命。

(2)肩關節

肩關節是球窩關節，由肱骨頭與肩胛骨的關節盂構成，是人體關節活動範圍最大的關節。靈活性好，牢固性差。若用暴力左右擰轉或過分後伸時，會造成關節脫臼，甚至使肌肉、韌帶撕裂而喪失運動功能。

(3)肘關節

肘關節是復合關節，由肱骨下端、尺骨和橈骨上端相應關節而組成。只能做屈伸、旋內與旋外運動，活動範圍較小。在關節伸直的情況下，由肘尖部猛烈打擊，

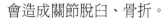

會造成關節脫臼、骨折。

(4) 腕關節

腕關節由 8 塊腕骨組成。可做屈、伸、內收、外展及環轉運動。由於關節結構複雜，覆蓋的肌肉、韌帶薄弱，且骨多形體小，因此，用力使腕向任何方向做過度的扭轉、屈、伸，會造成骨折、脫臼或韌帶損傷。

(5) 髖關節

髖關節是球窩關節，屬多軸關節。由髖臼和股骨頭組成。牢固性好，靈活性差。髖關節囊的後下方韌帶較薄弱，加上支撐人體的重量，若受到劇烈打擊或過分前屈後伸，會造成脫臼或股後肌群損傷。

(6) 膝關節

膝關節是人體中最複雜的關節。由股骨內、外側髁關節面、脛骨上關節面及髕骨的關節面組成，為復合關節。能做屈伸和較小幅度的旋內、旋外運動，不能進行外展和內收。

因此，該關節在伸直狀態支撐體重時，若受到暴力擊打兩側或前部髕骨，會造成關節脫臼或韌帶損傷，甚至髕骨破裂、半月板骨折。

(7) 踝關節

踝關節由脛骨下關節面與內、外踝關節面共同組成。能做屈、伸、內翻、外翻和環轉運動。由於外側的韌帶較弱且分散，故最易內翻受傷。若受到猛烈打擊或扳擰，會造成關節脫臼或韌帶損傷。

現代散打

練習散打的基本方法和要求

一、練習散打的基本方法

（一）看圖自學法

對於許多武術散打愛好者來說，在沒有專門教師或教練指導的情況下，可由看圖或教學錄影帶、VCD 等來進行自學自練。練習者首先要學會看圖方法，弄清動作的方向、路線和具體的做法，以及要領、要求，才能學會和掌握正確的技術動作。

1.運動方向

圖解中的運動方向，是以圖中人的軀幹姿勢為準，並且隨著軀幹姿勢所處的位置變化而變化。圖中人的胸前為前，胸後為後，左側為左，右側為右。此外，還有左前、左後、右前、右後。轉體時，則以轉後的胸前為前，胸後為後，以此類推。

2.動作路線

圖中用實線（———▶）或虛線（┈┈┈▶）表示該部位下一動作行進的路線。箭尾為起點，箭頭為止點。實線表示即將發出的動作路線，虛線則為準備連接上一動作的動作路線。

3.要領說明

在每一個動作後面附有「簡釋」、「要求」、「要領」之類的說明，它是為了提示該動作的要領、運用方法及做動作時要達到的標準，必須認真閱讀並反覆體會。例如「右沖拳」的「蹬腿、轉髖」動作要領，只看圖示則不易掌握，將文字說明和圖示結合起來，則利於正確掌握該動作。

4.攻防圖示

攻防圖示是指兩個人進行練習或搏鬥的示意圖。首先要分清攻方和防方，再詳細閱讀文字說明。最好能和同伴配合練習，邊看圖解邊模仿動作，相互提示，共同探討。首先要明確動作的攻防含義和目的作用，再由慢到快、由輕到重反覆練習，以至熟練掌握。

(二)跟教練學習法

跟教練學習散打，能直觀的看到該技術動作的完整示範，利於在腦海裡形成正確的技術動作概念；教練員對技術動作重點、難點及攻防作用的講解，則能有利於你快速、準確地學會和掌握正確的技術動作及實戰用法。

在學習的進度、內容及方法、手段的安排上亦能循序漸進、因人而異，利於早日成才。因此，跟教練學習散打，是散打愛好者成為散打搏擊高手的捷徑。

二、 練習散打的步驟

由於散打運動激烈對抗的項目特點，因此，在學習過程中，除要具備良好的身體素質和心理素質外，學習和掌握散打技術，還要遵循和按照「學會」、「餵引」、「實戰」三個步驟進行。只有循序漸進、由淺入深，並且持之以恆、刻苦磨練，才能把自己鍛鍊成一個優秀的散打運動員。

(一)學會動作

首先，根據動作的文字說明和圖解或透過教師的示範和講解，了解和掌握動作的結構、規格要求、運行路線和攻防用法，建立正確的技術動作概念；了解和明確動作的關鍵環節及要點。

其次，思維活動和身體運動緊密結合，反覆練習和實踐，經由肌肉的本體感覺認真體會動作要領，預防和不斷地糾正錯誤動作，逐漸加深對動作的理解，進而正確、熟練地掌握動作。

(二)餵引動作

餵，就是讓同伴做假設性對手，根據學練動作的需要來餵遞動作。如練習接右側彈腿摔動作，同伴由慢速逐漸過渡到快速餵遞右側彈腿，練習者則反覆不斷地做

接腿摔練習，體會和熟練動作運用的要點、時機和技巧，從而強化該動作運用的準確性和實效性。

引，就是讓同伴有意製造各種各樣的空檔，引發習練者捕捉戰機運用所學的動作進行攻擊或反擊。如讓同伴做各種腿法進攻，引發在其腿攻後收腿落地的空檔迅速沖拳擊頭反擊，以此強化沖拳動作的運用時機和擊打技巧。

透過餵引練習，能有效地把已學的動作招式變成實用技法，是學練散打的重要環節。

(三) 實戰運用

學練技術動作的最終目的就是在實際格鬥中運用。透過「餵引」，基本掌握和熟練了動作的運用方法後，即可進行實戰練習。藉由在對抗條件下的實戰來檢驗和提高技術動作運用的合理性和實效性。

在實戰練習時，要明確實戰的目的。如安排的是練習性實戰，則應以練為主要的目的，要求習練者不可計較勝負，把意識和精力放在技術動作的運用和實施上，強調大膽運用和發揮，磨練技術動作臨場的實用技能和應變能力。

如安排的是競賽性實戰，其目的主要是獲勝，這就要求習練者努力拼搏、勇猛頑強，在每一個回合的較量中力求不失分，以此來促進其熟練掌握技術動作的實用技巧，並靈活運用到實戰中去。

實戰練習，對於技術動作的能動運用和技藝的提

高，以及經驗的積累都是大有裨益的。

三、練習散打的要求和注意事項

（一）加強武德修養，明確鍛鍊目的

武德是指尚武崇德的精神，它是武林界共同信仰和遵守的言行準則。「拳以德立」，要求習練者切實做到「尊師友，明拳理，莫逞能。」切不可以武恃強凌弱，打架鬥毆，違反社會公德，擾亂社會治安。

學練散打的目的不僅是鍛鍊體魄、增進健康、防身自衛，而且還是陶冶情操，培養道德品質和意志品質的良好手段。

（二）持之以恆，常練不懈

「寶劍鋒從磨礪出，梅花香自苦寒來。」功夫來自於勤奮，學練散打需要具備持之以恆的精神和堅韌不拔的毅力。

散打是一項既艱苦又難練的運動項目，在長期艱苦的磨練中，不可避免地要遇到各種各樣的困難，如技術練習時的單調和枯燥，攻防對抗練習時的身體傷痛等。因此，只有具備吃苦耐勞的優良品質和持之以恆、常練不懈的學習態度，並且善於思索、勤於研究，才能不斷進步，學有所成。

(三)從易到難，循序漸進

散打技術的學習要從易到難、由簡到繁，遵循動作技能形成的一般規律。從基本功、技術動作著手，在較熟練地掌握基本技術動作後，再進行組合連招及攻防和實戰練習，逐步提高和增加難度，以至嫻熟的掌握並形成比賽技巧。練習初期切不可急於求成，必須循序漸進，科學地進行鍛鍊，否則不但學不好技術，也容易出現傷害事故。

(四)想練結合，力求動作準確

掌握一個正確的動作，要經過多次反覆，及時糾正錯誤，不斷改進和鞏固，才能形成正確技術動作的動力定型。在練習時要想練結合，時刻檢查自己的動作是否符合動作規範和要領要求，做到精益求精，一絲不苟。否則一旦形成了錯誤的動作定型，再想改進和提高技術是非常困難的。

因此，技術練習必須嚴格要求，努力提高練習的質量，力求準確地掌握正確的技術動作。

(五)技術切合實際，從實戰出發

散打運動本身就是對抗性的格鬥項目，因此，在習練過程中，對每一個基本動作、基本技術的習練，都要從實戰的需要出發去考慮，必須切合實際，符合比賽的要求。各種攻、防動作都要樸實、簡練、講求實效和有

明確的目的性，反對華而不實的技法。

另外，還要考慮個人的特點，精練幾種重點技術動作，以利於發揮特長，形成技術風格及獨特「絕招」。

(六)注意安全，預防傷害事故

由於散打運動劇烈對抗的特點，對抗時稍有不慎，即會發生傷害事故。因此，無論是在平時的技、戰術習練或是在實戰比賽中，都要有安全意識，防患於未然，預防傷害事故的發生。

所以，課前或賽前要認真做好準備活動，充分活動開各有關關節、韌帶；實戰時配對要合理；場地、服裝、護具要符合規定和要求等，以最大限度地減少或避免傷害事故的發生。

四、散打技術訓練的方法與手段

(一)徒手練習

1.慢速度原地練習

透過教練員的講解、示範或經過自學後，採用慢速度的原地模仿練習。認真體會和揣摸動作的路線、要求和要領，不追求動作的力、速度；有些複雜的動作還應分解練習，如學習側踹腿技術，應分為「提膝」、「展

髖」、「踹擊」三個環節進行，基本掌握後再進行完整的側踹腿技術練習。

要充分利用肌肉本體感覺，體會技術動作的用力順序，提高全身協同配合能力。採用重複練習法，面對鏡子或在同伴指導下，邊練習邊檢查，不斷強化和鞏固，以至學會和掌握正確的技術動作。

2. 結合步法練習

經過原地練習基本掌握了動作方法後，根據實戰的需要結合相應的步法進行練習。目的是使技術與實戰緊密聯繫，使習練者熟練掌握在進、退中有效地運用技術的能力。結合步法練習的重點是全身上、下協調配合，攻防意識強烈。

練習的內容可分為單招練習和組合連招練習。教學訓練方法可採用重複及變換練習法。如練習前腿側踹技術，可結合進步、擊步、插步、墊步及退步、閃步等多種步法練習，練習時不僅要求腿、步協調一致，而且要追求踹腿攻擊距離及擊點的靈活變化。

熟練掌握後，即可增加運動量。如練習 3～5 組，每組練習 3 分鐘，組間休息 40 秒至 1 分鐘。

3.「假設敵」練習

「假設敵」練習又叫「對影空擊」練習，是從實戰的需要出發，依據假想對手的進攻或防守方法和所處的狀態，做有效的主動進攻或防守反擊的打法練習。它不

僅能有效地提高和鞏固掌握技術的熟練程度，提高隨機出招攻擊或反擊的能動性，而且能使習練者熟練散打技術運用的規律，提高「智鬥」水準。

在練習時要求具有實戰意識，腦海裡時刻有一個假想的對手，並能根據與對手的距離變化及身體姿勢、防守體系等發出行之有效的攻擊，以及能根據假想對手的攻擊動作隨機採用「相克」的打法反擊。

練習的內容主要是主動進攻和防守反擊。每次練習3～5組，每組練習3分鐘，組間休息1分鐘。如在移動中聽到「開始」口令後進行3分鐘的主動進攻練習。要求實戰意識強，能用多種技法發起攻擊；攻擊到位快且有一定的攻擊距離及力度。

（二）打靶練習

1.打沙包練習

打沙包練習的目的主要有兩個：一是提高攻擊力；二是培養和提高習練者的連續攻擊能力和專項耐力。

練習的內容可安排某一單招或組合連招的重複擊打以及規定時間的任意擊打。教學訓練方法可採用重複和間歇練習法。一般每次練習4～6組，每組練習2～3分鐘，組間休息1～2分鐘。打沙包應有嚴格的時間限制，並做好充分的準備活動和擊打後的積極放鬆，以免肌肉僵硬和受傷。如右側彈腿擊打沙包（圖2-1、圖2-2）。

【要求】：動作規範，力點準確；全身協調一致，

攻擊有滲透力。用以提高右側彈腿攻擊的力度及全身協調配合能力。

再如在面對沙包的移動中，聽口令（哨聲）進行「左側踹—右摜拳—左側彈腿—右橫踢腿」連招擊打沙包（圖2-3、圖2-4、圖2-5、圖2-6）。

圖2-1

圖2-2

圖2-3

圖2-4

圖 2-5　　　　　　　　　　　圖 2-6

【要求】：動作規範，全身協調靈活；攻擊快速連貫，力點準、到位快，有滲透力。以此來提高連續攻擊能力和專項耐力。

2.打手靶、腳靶練習

打手靶或腳靶練習，是教練或同伴持靶給練習者餵遞動作，幫助其練習的一種方法。可分為打固定靶、活動靶和移動靶三種。它不僅能有效地提高練習者的進攻和防守反擊的動作質量，提高力點和擊點的準確性，而且能提高反應速度，培養良好的距離感及發展專項耐力。練習時，要求持靶者遞招、餵靶及時到位，持靶的手臂肌肉在受擊的一瞬間保持一定的緊張，以提高練習者的興趣及緩衝擊打的衝力。

練習的目的不同，其方法與手段各異。一般每次練習5～8組，每組練習3～5分鐘。如：

①在移動中用右（後）手沖拳擊固定靶（圖2-7）。

【要求】：拳步協調配合，攻擊到位快；擊點準確、有力。

②左側踹腿擊活動靶（圖2-8、圖2-9）。

圖 2-7

圖 2-8

圖 2-9

【要求】：持靶方多方位示靶；攻擊者判斷準、攻擊到位快。

③在移動中左側彈腿或右側彈腿擊移動靶（圖 2-10、圖 2-11）。

圖 2-10

圖 2-11

【要求】：持靶方在移動中多方位突然示左靶或右靶；攻擊者判斷準、反應快，攻擊到位快。

④持靶方左側踹腿進攻，練習者防守後用左右沖拳
──左橫踢腿反擊（圖2-12、圖2-13、圖2-14、圖2-15）。

圖2-12

圖2-13　　　　　　　　　圖2-14

圖 2-15

【要求】：持靶方側踹攻擊距離多變；反擊者防守後快速反擊，反擊到位快，連貫有力。

(三) 攻防練習

1. 不接觸的攻防練習

學習和掌握攻防技術的目的，是為了掌握對抗活動中的技能。為此，在練習和掌握技術的過程中，必須從對抗性這一特點出發，使其有實用的價值和要求。不接觸的攻防練習，即是兩人一組在非對抗條件下進行的進攻、防守與反擊的技術練習，目的是改進與鞏固技術動作，熟練技法的實戰中運用的方法與時機以及消除初學者的害怕心理。

開始可規定只做單一動作的進攻、防守或反擊，逐漸過渡到組合連招的攻防練習。由簡到繁、由易至難，

由慢到快、由輕至重。練習者距離要適當，精力要集中，攻與防交替進行，並具有實戰意識。

2.條件攻防練習

條件攻防練習是一種有條件限制的進攻、防守與反擊的練習方法。目的是提高練習者的技術運用的熟練程度和主動進攻、防守反擊等技能實戰運用的能動性、針對性和實效性。能強化和促進練習者對散打攻防規律的熟練掌握及培養膽識，提高自信心。

練習時，要具有實戰意識，明確練習目的；用力則由輕至重，注意掌握分寸，避免傷害對手。

另外，陪練方要有犧牲和奉獻精神，積極餵引、主動接招。練習的內容可根據習練者的需要而靈活安排，練習的時間則依習練者的實際情況和具體任務而定。一般每次練習 5 組，每組練習 3～5 分鐘。如練習左低側彈—右沖拳的主動進攻（圖 2-16、圖 2-17）。要求練習

圖 2-16

練習散打的基本方法和要求

圖 2-17

者攻擊動作快速連貫，陪練方在被擊中小腿後稍退步防守，並有意暴露頭部（露白），在拳擊中的瞬間再躲閃防守。

（四）實戰練習

1.條件實戰

條件實戰是一種有條件限制的實戰練習方法。是實戰的初級階段或根據階段訓練內容以及為提高習練者的某種能力而設置的一種常見的訓練手段，具有較強的針對性。能有效地訓練和提高練習者的實戰對抗能力，強化和促進其「絕招」技術的形成和實施。

條件實戰大致可分為拳的實戰、腿的實戰、摔的實戰、拳與腿的實戰、拳與摔的實戰、腿與摔的實戰六種。練習時，要求習練者明確練習的目的任務與要求，

強調技術的大膽運用。

練習的內容與時間則根據習練者的實際情況、個人特點以及具體的訓練任務而定。一般每次練習 5 組，每組練習 3～5 分鐘。如規定只許用拳和腿實戰或一方主動進攻另一方防守反擊，等等。

2. 教學比賽

教學比賽是練習性實戰，則以「練」為主要目的，要求習練者不可計較勝負，應把意識和精力放在技術的運用和實施上。強調技戰術的大膽運用和發揮，鍛鍊其技術的臨場實用能力和隨機應變能力，培養其在激烈的對抗條件下技術運用的能動性和實效性。在練習時目的要明確，內容安排要具體、要有針對性。比如，針對練習者擅長進攻的特點，安排其運用主動進攻的方法與手段；擅長腿法則應多安排用腿法進攻和反擊，反覆練習，力求達到自動化。

為了培養和強化習練者克敵制勝的「絕招」，可布置任務，規定其在一局比賽中運用的次數及成功率，以促進其絕招技術的形成和熟練絕招的臨場實用技巧。

3. 實戰比賽

透過在激烈的對抗條件下，在限制與反限制、發揮與反發揮的劇烈爭奪中來檢驗和全面提高習練者技戰術運用的能動性和實效性。

實戰比賽以獲勝為主要目的，這就要求習練者勇敢

頑強、努力拼搏，大膽和果斷地運用技術，力爭在每一回合的較量中占據主動，不失分。以此來磨練和提高其技術運用的合理性和實效性。

在實戰練習時，要注意區別對待，指導習練者選擇不同技術特點和攻防類型的對手對抗，以便熟練掌握對付不同對手的打法。比如：對於水準低的對手，可以充分體驗和提高技術運用的隨機性和實效性；與高水準的對手實戰，對於技術的能動運用和技藝的提高以及經驗的積累都是大有裨益的。

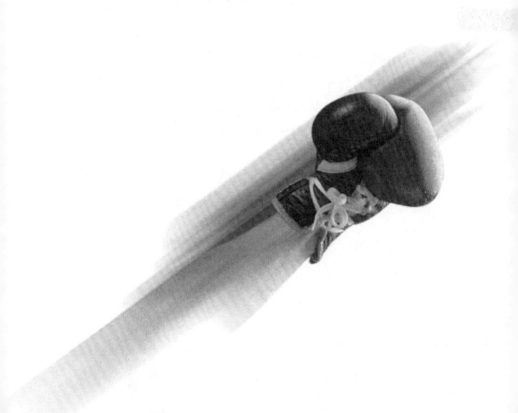

散打的基本技術

一、散打的預備姿勢

　　預備勢，通常也叫實戰姿勢或格鬥勢，是散打比賽和搏鬥前所採用的臨戰動作姿勢。它不僅能使身體處於強有力的狀態，具有機動快速反應性能，利於快速移動發起攻擊或防禦，而且暴露面積小，能有效地防護自己的要害部位。

　　預備勢分為左勢和右勢兩種。一般來說，左手左腳在前，右手右腿在後的為「左勢」（圖 3-1）；右手右腿在前，左手左腿在後的為「右勢」（圖 3-2）；在本書中，除特別說明外，均以左預備勢為例。

圖 3-1　　　　　　　　　圖 3-2

（一）身體各部的動作姿勢

1.下肢姿勢

左髖稍側對前方，兩腳前後開立，前腳跟與後腳尖之距離約同肩寬，左腳尖內扣約 30°，全腳掌著地，右腳跟稍抬起，前腳掌著地，腳尖正對前方，兩腳橫向間隔約 15 公分左右。兩膝稍彎曲，自然裡扣，身體重心偏後。

2.軀幹、兩臂姿勢

上體稍前傾右轉，左肩在前，含胸、收腹、斂臀；左臂屈曲 90°左右，左拳半握，拳心向右斜下，拳面高與鼻尖平；右臂屈曲 45°左右，拳心向裡，置於頜前。兩肘自然下垂並稍向裡合。

3.頭部姿勢

稍低頭，下頜內收，合齒閉唇，用鼻呼吸，目視對手上體，餘光環視對手全身。

（二）注意事項

（1）兩腿要有彈性，以便隨時進行攻擊或防禦。

（2）自然地含胸收腹，呼吸自然，不要憋氣，以免肌肉僵硬。

（3）肩、臂放鬆，可以有意識地晃動，用以迷惑對手，且利於充分施展攻擊力。

（4）保持高度警覺，眼要有神，給對手以威懾力。

二、散打的步法

散打的步法在實戰中具有極其重要的作用，靈活敏捷、快速多變的步法是運用攻、反技術動作的前提，是在主動進攻和防守反擊中搶占有利位置，發揮最優攻勢的基礎，亦是調整重心，維持身體平衡的關鍵。

步法的快慢，移動距離的大小及準確性，直接影響著攻防的效果。認真學習和演練步法技術，是提高實戰能力的重要環節之一。

（一）基本步法（均以左預備勢開始）

1.進　步

左腳稍提起向前進一步，右腳迅速蹬地跟進同樣距離（圖3-3）。

【要點】：步幅不宜過大，重心平穩，上體姿勢不變。

2.退　步

右腳稍提起向後退一

圖3-3

步，左腳迅速蹬地後退同樣距離（圖3-4）。

【要點】：步幅適中，重心平穩，上體姿勢不變。

3.上　步

右腳微離地面向前上一步；身體左轉；左腳以前腳掌為軸內轉。同時左、右拳前後交換成右預備勢（圖3-5）。

【要點】：右腳要擦地前行，重心平穩，兩手交換與上步要同時進行。

4.撤　步

左腳微離地面向後撤一步；身體左轉；右腳以前腳掌為軸外轉。同時左、右拳前後交換成右預備勢（圖3-6）。

【要點】：步幅不宜過大，重心平穩，兩手交換與撤步要同時進行。

圖3-4　　　　　圖3-5　　　　　圖3-6

5. 側跨步

(1)左側跨步　左腳向左側橫跨一步，右腳腳掌內側蹬地迅速向左側跟進同樣距離（圖3-7）。

(2)右側跨步　右腳向右側橫跨一步，左腳腳掌內側蹬地迅速向右側跟進同樣距離（圖3-8）。

【要點】：跨步動作要快速敏捷，重心平穩，上體姿勢不變，步幅可大可小。

圖3-7　　　　　　　　　　　　圖3-8

6. 閃　步

(1)左閃步　左腳向左側或左斜前方上半步，前腳掌支撐；隨即身體向右後擰轉，右腳迅速蹬地向左後方弧形移動跟上一步（圖3-9、圖3-10）。

圖 3-9　　　　　　　　　　圖 3-10

（2）右閃步

　　右腳向右側或右斜前上半步，前腳掌支撐；隨即身
體向左後擰轉，左腳迅速蹬地向右後方弧形移動跟上一
步。同時，左、右拳前後交換成預備勢（圖 3-11、圖 3-
12）。

圖 3-11　　　　　　　　　　圖 3-12

【要點】：步法輕快，轉體閃躲與步法要協調一致，上體不要後仰。

7.插　步

右腳經左腳後向左前上步，腳跟離地；同時左腳以前腳掌為軸外轉，兩腿成交叉狀（圖 3-13）。

【要點】：插步時上體基本不變，重心平穩，插步後要及時還原成預備勢。

8.蓋　步

右腳向左腳前上步，腳尖外擺；同時左腳跟離地，兩腿成交叉狀（圖 3-14）。

【要點】：上體不要轉動；重心平穩，蓋步後要及時還原成預備勢。

圖 3-13

圖 3-14

9.換　步

　　兩腳同時蹬地並
前後交換，同時兩拳
也前後交換成右預備
勢（圖 3-15）。

　　【要點】：重心
起伏不大，上下協調
一致。

圖 3-15

10.墊　步

　　(1)前墊步　右腳蹬地向左腳內側躍進落步，同時
左腳蹬地屈膝向前上提起（圖 3-16、3-17）。

圖 3-16

圖 3-17

(2)後墊步　左腳蹬地向右腳內側躍進落步，同時右腳蹬地屈膝抬（勾）起（圖 3-18、圖 3-19）。

圖 3-18　　　　　　　　圖 3-19

【要點】：動作完成要快速連貫，重心起伏不大，身體盡量向前或向後移動。

11. 躍　步

（1）前躍步　右腳蹬地後向前跨躍一大步，左腳隨即向前上一步（圖 3-20）。

（2）後躍步　左腳蹬地後向後撤躍一大步，右腳隨向後撤一步（圖 3-21）。

【要點】：兩腳動作要連貫、迅速，上體不要晃動，騰空不可過高。

圖 3-20　　　　　　圖 3-21

12.縱　步

（1）單腿縱步　一腿屈膝上提，另一腿連續蹬地向前移動（圖 3-22）。

（2）雙腿縱步　兩腳同時蹬地使身體向上或向前、後、左、右跳起（圖 3-23）。

圖 3-22　　　　　　圖 3-23

【要點】：腰胯緊張，上體姿勢不變；蹬地要快速有力，但騰空不宜過高。

（二）步法的練習方法

1.各種步法的單獨練習

每學完一種步法，必須反覆練習和體會，才能掌握要領，熟練技術方法。開始進行單動練習，再逐漸過渡到步法的連續練習。如：進步；墊步；進步→進步；連續墊步等。

2.各種步法的綜合練習

在步法的單獨練習熟練以後，可以把幾種步法組合起來，進行綜合練習。如進步→退步；退步→閃步；側跨步→墊步→躍步等。以提高步法的實用技巧，適應實際搏鬥中的各種變化。

3.結合信號練習

教練員或同伴可以運用掌心、掌背的朝向，或規定某一信號，要求練習者根據信號做出相應的步法。這些練習方法，既可以鞏固步法技術，又可以提高反應能力。

4.兩人配合練習

兩人實戰姿勢相對，保持一定的距離。規定一方運用多種步法逼進、退閃等，而另一方做出相應的移動，

使雙方距離盡量保持不變。這種練習不僅能提高步法移動的準確性、移動的距離感，而且能提高應變能力。

5.結合攻防動作練習

把步法和各種攻防技術動作結合起來進行練習，不僅可以提高整體協調配合能力，以適應實際搏鬥中的各種攻防技法的運用，同時，也可以進行配對練習，規定一方運用單招或組合連招進攻，另一方移動擺脫，並尋機予以反擊，從而加強步法練習的實效性。

6.實戰中練習

透過教學比賽、實戰練習等手段，檢驗步法移動是否快速、敏捷和準確，強化步法移動的合理性與實效性，提高步法和攻防技術動作的協調配合能力。並從中發現不足，進而對症下藥，改進和完善步法技術。

三、散打的拳法

散打的拳法是由四指併攏捲握，拇指彎曲緊扣食指和中指第二指節的拳和臂的伸屈、掄擺等技術變化而成的。其技法多樣，較常用的基本拳法有沖拳、摜拳、抄拳、鞭拳等。在格鬥中具有速度快和靈活多變的特點，它能以最短的距離、最快的速度擊中對手。拳法易於組合，進行連擊；而且在實距中能任意配合其他技法使

用。因此，拳法技術是散打比賽中主要的進攻和防守反擊的方法。

運用拳法攻擊時，要和步法、身體動作協調配合，用力順達，擊點準確，才能發揮其攻擊威力。另外，要攻守結合，注意對自身的保護，養成一手出擊、另一手防守的良好習慣。

（一）拳法（均以左預備勢開始）

1. 左沖拳

右腳微蹬地面，身體重心稍向左腳移動；同時腰、髖略向右扭轉，左拳直線向前擊出，在擊中目標的瞬間，拳頭驟然握緊，力達拳面。拳心向下或拳眼向上，拳背與腕平（圖3-24）。

【要點】：蹬腿、轉髖、擰腰要快速連貫；拳要彈性擊打，快打快收。

2. 右沖拳

右腳蹬地並稍內扣轉，隨即轉腰、擰髖、順肩右拳直線向前擊出，力達拳面，左拳自然收護於頜前。拳心向下或拳眼向上（圖3-25）。

【要點】：快速連貫，用力順達；上體不可過於前傾，注意保持身體平衡。

【簡釋】：沖拳是格鬥中最常用的拳法，主要用來攻擊對手頭部。由於運行軌跡為直線，所以攻擊速度

圖 3-24　　　　　　　　　　圖 3-25

快、擊點準；再者，通過腿的蹬力，傳送到腰、肩、肘，最後達於拳面，能動員全身力量擊打，所以威力很大。左沖拳距離對手最近，擊打最直接，又稱先鋒拳，出拳可輕可重，可真可假，靈活性大，速度快。它不但能擾亂、迷惑對手，破壞其防禦，為主動進攻創造條件，而且如果時機恰當、擊點準確還可以重創對手。右沖拳又稱主力拳，攻擊距離長、力度大，多在左沖拳突破對手防禦或防守反擊時使用。

　　例１　在對峙狀態下，突然快速進步，以左沖拳搶攻對手頭部（圖 3-26）。

　　例２　當對手用右側彈腿攻擊你左小腿時，迅速提

圖 3-26

膝防守，隨即以右沖拳反擊
其頭部或胸部（圖 3-27）。

（二）摜　拳

1.左摜拳

上體微向右扭轉，同時
左臂稍抬肘，前臂內旋向
前、向裡弧形橫擊，拳心向

圖 3-27

下，力達拳面。大、小臂夾角約 130°。右拳自然收護於
頜前（圖 3-28）。

【要點】：力從腰發，上體繞身體縱軸向右轉動肋
力。擊至身體正中線時「制動」並快速回收。

2.右摜拳

右腳微蹬地向內扣轉，同時右臂稍抬肘、前臂內
旋，借助轉腰、合胯之力向前、向裡弧形橫擊，拳心向
下。力達拳面，大、小臂夾角約 130°，左拳自然收護於
頜前（圖 3-29）。

【要點】：右腳蹬地內扣、轉腰、合胯與摜擊要協
調一致，擊至身體正中線時迅速「制動」並回收。

【簡釋】：摜拳是中距離的重拳，多用於攻擊對手
的頭部和兩肋。擊打力量來自於蹬地轉腰、合胯及帶動
肩、臂擺動的合力，所以力度大，攻擊力強。在用摜拳
攻擊時，要全身上下協調一致，充分借助身體擰轉的力

現代散打

圖 3-28　　　　　　　　　　圖 3-29

量；在擊中目標的瞬間，猛地轉動拳面，並「超目標」擊打，以增加擊打的威力。但由於摜拳動作幅度大，自身暴露的空檔多，所以運用時要把握好時機，擊打後應快速還原。在連擊或防守反擊中運用摜拳，效果最佳。

　　例１　在對峙狀態下，你左沖拳佯攻，突然快速進步，以左摜拳搶攻對手頭部（圖 3-30、圖 3-31）。

圖 3-30　　　　　　　　　　圖 3-31

圖 3-32　　　　　　　　　　圖 3-33

　　例2　當對手用右正蹬腿攻擊你腹部時，迅速向左側閃並左手裡掛防守，隨即以右摜拳反擊其頭部（圖 3-32、圖 3-33）。

（三）抄　拳

1.左上抄拳

　　上體稍左側傾，重心略下沉，左拳微下落，隨即左腳蹬地、上體右轉，挺腹前送左髖、左拳由下向上方屈臂抄擊，拳心向裡，力達拳面，與鼻尖同高。大、小臂夾角約 90°左右，右拳自然收護於頜前（圖 3-34）。

　　【要點】：蹬地、轉體、挺腹、抄擊要連貫協調；擊至鼻尖平時制動並快速回收。

圖 3-34 圖 3-35

2.右上抄拳

上體稍右側傾，右拳微下落，前臂稍外旋，隨即右腳蹬地，扣膝轉胯，稍向左轉體的同時，右拳由下向前上方屈臂抄擊，拳心向裡，力達拳面，與鼻尖同高。大、小臂夾角約 90°左右，左拳自然收護於頜前（圖 3-35）。

【要點】：要借助右腳蹬地、扣膝轉胯、身體擰轉的助力擊打，用力要順達，上下要協調一致。

【簡釋】：抄拳有上抄、下抄、平抄及斜上、斜下等多種擊法，是一種能充分調動身體的力量，從而獲得較大攻擊力的近戰重拳。上抄拳以對手的胸、腹及下頜為主要攻擊目標，平抄拳則以攻擊側面部為主。大、小臂夾角根據攻擊目標的位置距離的不同而變化，在練習中要熟練掌握所有適合不同距離、多種角度的打法。抄拳主要用於連招連續猛攻或防守後反擊。在實際搏鬥

圖 3-36　　　　　　　　　　圖 3-37

中，要勇敢、主動地貼近對手，為運用抄拳創造戰機。

　　例1　在對峙狀態下，你左拳佯攻，當對手用右手防守時，突然快速進步逼近，以左上抄拳攻擊其頭部右側（圖 3-36）。

　　例2　當對手用右摜拳攻擊你頭部時，迅速用左手掛擋防守，同時以右上抄拳反擊其下頜（圖 3-37、圖 3-38）。

（三）鞭　拳

1.左鞭拳

　　右腳上步落於左腳前並稍內扣，身體左後轉 180°左右；隨即左腳經後插步，身體繼續左後轉，同時以腰帶動左臂向左側橫向鞭擊，拳心向下，力達拳輪。右拳自然收護於頜前（圖 3-39、圖 3-40、圖 3-41）。

圖 3-38　　　　　　　　圖 3-39

圖 3-40　　　　　　　　圖 3-41

【要點】：轉體要快，支撐要穩，連貫協調。以腰帶臂橫向鞭擊，還原要快。

2.右鞭拳

以左腳前掌為軸，身體向右後轉 180°，隨即右腳經

圖 3-42   圖 3-43

左腳後插步；身體繼續右後轉，同時以腰帶動右臂向右
側橫向鞭擊，拳心向下，力達拳輪。左拳自然收護於頜
前（圖 3-42、圖 3-43）。

【要點】：同「左鞭拳」。此外，攻擊到位後迅速
擺成右勢。

【簡釋】：鞭拳是橫向型進攻動作，能借助轉體的
慣性，以腰帶臂甩拳鞭擊，所以攻擊力強，威力大。多
用於攻擊對手的頭、頸部位。雖然動作幅度大，運行路
線長，但由於是轉體擊打，仍具有一定的隱蔽性、突然
性。在實際搏鬥中，既能運用於連擊進攻，更適合於防
守後的反擊。但在使用時必須做到突然、迅猛，以迅雷
不及掩耳之勢發出攻擊，出其不意，攻其不備，使對手
防不勝防。

例1　在對峙狀態下，你左沖拳佯攻，突然插步、轉
體，以右鞭拳搶攻對手頭部（圖 3-44、圖 3-45）。

圖 3-44

圖 3-45

　　例2　當對手用左橫踢腿攻擊你身體右側時，迅速用左手抄抱其腿，隨即右後轉體，以右鞭拳反擊對手頭部（圖 3-46、圖 3-47）。

圖 3-46   圖 3-47

四、散打的腿法

腿法內容豐富，分屈伸性腿法、直擺性腿法和掃轉性腿法三大類。拳諺曰：「手是兩扇門，全憑腳打人」，說明腿法在眾擊法中具有舉足輕重的地位。腿法靈活機動，變化多端，在中、遠距離可直接打擊對手的頭部、軀幹和下肢，攻擊面大；再者腿比臂長，攻擊距離遠，力度大，殺傷力強；同時具有隱蔽性、突襲性等攻其不備的特點。掌握得好，運用巧妙，不但能直接得分，而且往往能重創對手。

在格鬥中使用腿法攻擊時，要做到快速有力、擊點準確、時機恰當，並具有良好的距離感。另外，必須與步法、身體動作協調配合，才能把全身的力量集中於踢

出之腿，做全力的「超目標」踢擊，從而發揮其攻擊威力，獲得最佳的攻擊效果。

但是「起腿半邊空」，所以，實施腿擊時要注意對自身的防禦及保持身體平衡，以免被對手所乘。

（一）蹬　腿

1.左正蹬腿

身體重心後移的同時，左腿屈膝提起，膝尖向前，腳尖上勾，向前蹬出，力達腳跟；右腿直立或稍屈支撐。蹬擊後，快速還原（圖3-48、圖3-49）。

【要點】：快速連貫；髖要前送，充分挺膝發力；上體姿勢基本不變。

2.右正蹬腿

身體重心前移的同時，右腿屈膝提起，膝尖向前，

圖 3-48

圖 3-49

圖 3-50　　　　　　　　圖 3-51

腳尖上勾，隨上體稍左轉向前直線蹬出，力達腳跟；左
腿直立或稍屈支撐（圖 3-50、圖 3-51）。

　　【要點】：

　　（1）屈膝高抬，爆發用力；抬腿、發力、送髖要一
氣呵成。

　　（2）蹬擊後，迅速擺成右勢。

3.後蹬腿

　　以右後蹬腿為例。身體向右
後轉並稍前俯，兩腿稍屈；隨即
右腿屈膝抬起，腳尖勾起，以腳
跟領先向後蹬出，力達腳跟；左
腿直立或稍屈支撐（圖 3-52、
圖 3-53、圖 3-54）。

圖 3-52

圖 3-53　　　　　　　　　　圖 3-54

【要點】：

（1）抬膝、蹬擊要連貫，充分挺膝、送髖。支撐要穩，保持自身平衡。

（2）蹬擊後，迅速擺成右勢。

【簡釋】：蹬腿用途廣泛，可攻可守，攻擊面大。正蹬腿在實戰運用時既可搶攻對手的頭、胸腹部，又可在對手的前衝逼打中反擊其腹、髖部，遏止進攻。除了力達腳跟外，還可在擊中對手時，腳踝發力，前腳掌下壓（蹬踏），使對手倒地。在實際搏鬥中運用蹬腿攻擊時要求快速、迅猛，充分挺膝、爆發用力，並快打快收，兩手自然防護上體。後蹬腿主要用於配合其他技術動作形成連擊或反擊對手的前衝逼打，具有隱蔽性及轉體增力的優點。

例１　當對手用右側彈腿攻擊你身體左側時，左腿搶先出腿蹬擊對手腹、髖部（圖 3-55）。

圖 3-55

圖 3-56

例2　在對峙狀態下，你用左右沖拳佯攻，接著快速以右正蹬腿搶攻對手胸、腹部（圖 3-56、圖 3-57）。

（二）側彈腿

1.左側彈腿

圖 3-57

上體稍向右側傾，重心後移的同時，左腿屈膝展髖，使膝內扣翻轉側向提起，大、小腿自然折疊，腳背繃直，隨即由屈到伸，大腿帶動小腿從左向右前橫彈，力達腳背；右腿直立或稍屈支撐。彈踢後，迅速還原成左預備勢（圖 3-58、圖 3-59）。

圖 3-58　　　　　　　　圖 3-59

【要點】：動作連貫、協調，以腰帶腿充分挺膝發力；要保持自身平衡。

2.右側彈腿

上體向左側傾，重心前移的同時，右腿提膝並使膝內扣，大、小腿自然折疊，腳背繃直；動作不停，上體左轉180°，右腿邊側抬邊由屈到伸，大腿帶動小腿向左前橫彈，力達腳背；左腿直立或稍屈支撐，腳跟抬起內收（圖 3-60、圖 3-61）。

【要點】：

（1）動作要快速連貫，一氣呵成；以腰帶腿充分挺膝發力。

圖 3-60

圖 3-61　　　　　　　　圖 3-62

（2）攻擊到位後，迅速擺成右勢。

【簡釋】：彈腿快捷，易於變化，擊點廣泛。側彈腿在進攻中多配合手法的佯攻或與其他技法形成連擊，在防反時多運用靈活的步法側閃，避開對手的正面攻擊後反擊。

在實際搏擊中運用側彈腿時，要做到快速連貫、爆發用力，並要擊點準確，快打快收，以防對手抄抱。另外，要注意保持自身的平衡及防禦。

例1　在對峙狀態下，你向左側跳閃半步，以迷惑對手，接著突然墊步用左側彈腿搶攻對手頭部或腹部（圖3-62）。

例2　當對手用右彈腿攻擊你胸部時，迅速左側閃步躲避，隨即以右側彈腿反擊對手頭或胸部（圖 3-63、圖 3-64）。

圖 3-63　　　　　　　　　圖 3-64

（三）側踹腿

1.左側踹

身體重心後移，上體稍右
轉，同時左腿屈膝提起，腳尖勾
起，隨即展髖，使腳掌正對攻擊
方向，繼之迅速由屈到伸向前踹
出，力達全腳掌。右腿直立或稍
屈支撐，腳跟抬起裡收。踹擊結

圖 3-65

束時，攻擊腿的踝、髖、肩要成一斜直線（圖 3-65、圖
3-66、圖 3-67）。

【要點】：

（1）提膝、展髖、踹擊快速連貫；在擊中目標前的
瞬間要驟然擰腰、送髖，以形成爆發力。

圖 3-66　　　　　　　　　　　　圖 3-67

（2）攻擊對手頭、胸高位目標時，上體可側傾，但要注意保持身體的平衡。

2.右側踹

身體重心前移，上體左轉的同時，右腿屈膝提起，腳尖勾起，隨即展髖，使腳掌正對攻擊方向，繼之迅速由屈到伸向前踹出，力達全腳掌。左腿直立或微屈支撐，腳跟抬起裡收（圖 3-68、圖 3-69、圖 3-70）。

【要點】：同左側踹。此外，踹擊後迅速擺成右勢。

【簡釋】：側踹腿是屈伸性腿法的典型代表，分前腿側踹、後腿側踹及轉身側踹三種，每種又分高、中、低三

圖 3-68

圖 3-69   圖 3-70

類。攻擊面大、範圍廣，可在遠、中距離直接踹擊對手的頭部、軀幹和下肢。可以結合多種步法進行攻擊，進可踹，退可踹，還能連環擊打（單腿連環、左右連環），變化多端，威力很大。在格鬥中能靈活用於主動進攻或防守反擊。在使用時要協調配合支撐腿腳掌的轉動，使腳跟內收，以及驟然的擰轉髖部，以便增加踹擊力度和距離。

另外，要注意快打快收及對自身上體的保護。

例1 在對峙狀態下，突然墊步用左側踹搶攻對手的下肢、胸腹或頭部（圖 3-71、圖

圖 3-71

3-72）。

例2　當對手用左側彈腿攻擊你頭部時，迅速用前臂格擋防守隨即以左側踹反擊對手的胸腹部或右支撐腿（圖3-73、圖3-74）。

圖 3-72

圖 3-73

圖 3-74

（四）橫踢腿

1.左橫踢腿

重心移至右腳，左腿稍提膝，腳背繃直，隨即上體右轉帶動左腿由稍屈到直腿向右上方弧線掃踢，力達腳背至小腿下端。右腿直立或稍屈支撐，腳跟抬起隨身體右轉內收（圖3-75、圖3-76）。

【要點】：

（1）以轉體帶動掃踢，動作連貫、快速。

（2）攻擊到位後，迅速還原。

2.右橫踢腿

重心移到左腳，右腳稍提膝，腳背繃直，稍收腹；動作不停，上體左轉帶動右腿向左上方弧線掃踢，力達

圖 3-75

圖 3-76

圖 3-77　　　　　　　　　　　　圖 3-78

腳背。左腿直立或稍屈支撐，腳跟抬起隨身體稍左轉
（圖 3-77、圖 3-78）。

　　【要點】：

　　（1）同左橫踢腿。

　　（2）攻擊到位後，迅速擺成右勢。

3.左轉身橫掃腿

　　重心前移，右腳向左前上
步，腳尖內扣，稍屈支撐；隨
即左後轉體 360°，同時帶動
左腿經左後向前弧線橫掃，腳
背繃平，力達腳掌；目視左
腳，右腳跟抬起隨轉體碾轉，
上體稍右側傾（圖 3-79、圖
3-80、圖 3-81）。

圖 3-79

圖 3-80 圖 3-81

【要點】：

（1）轉體帶腿，腰背發力，送髖。

（2）保持自身平衡，還原快。

4.右轉身橫掃腿

重心前移，左腿稍屈支撐，腳尖內扣；隨即右後轉體 360°，同時帶動右腿直腿由後向前弧線橫掃，腳背繃平，力達腳掌；目視右腳，左

圖 3-82

腳跟抬起隨轉體碾轉，上體稍左側傾（圖 3-82、圖 3-83、圖 3-84）。

【要點】：同左轉身橫掃腿。此外，攻擊到位後，迅速擺成右勢。

【簡釋】：橫踢、橫掃腿是橫向型的進攻動作，攻

圖 3-83   圖 3-84

擊面大，範圍廣，能直接掃踢對手的頭部、軀幹及下
肢。雖然動作運行路線長、幅度大，但由於轉體帶腿、
橫向掃踢，具有強大的攻擊力，所以在格鬥中仍被廣泛
運用於搶攻與防守反擊中。運用於搶攻時，要配合其他
技法連擊或以假動作做掩護；在防反中如掛擋防守對手
的橫向腿法攻擊後，突
然轉身掃踢其頭部，亦
能使對手防不勝防。

例1　當對手用左
沖拳攻擊你頭部時，迅
速撤步躲閃，隨即以右
橫踢腿反擊其肋部或下
肢（圖 3-85、圖 3-
86）。

圖 3-85

圖 3-86

例2　在對峙狀態下，上步用右橫踢腿搶攻對手小腿，若其提膝或撤步防守，則突然以左轉身橫掃腿攻擊其頭部（圖3-87、圖3-88）。

圖 3-87

散打的基本技術

圖 3-88

（五）勾踢腿

1.左勾踢腿

　　重心後移，右腿稍屈支撐，同時左腿稍提膝，腳尖勾起；動作不停，上體左轉，帶動左腿直腿向前、向右做弧形的勾踢，力達腳弓內側（圖 3-89、圖 3-90）。

圖 3-89

圖 3-90

【要點】：轉體、勾踢協調連貫，力點準確。

2.右勾踢腿

重心前移，左腿稍屈支撐，腳尖外展，同時右腿稍提膝，腳尖勾起；動作不停，身體左轉，收腹合胯，帶動右腿直腿向前、向左做弧形的勾踢，力達腳弓內側（圖3-91、圖3-92）。

【要點】：同左勾踢。此外，注意保持身體平衡，攻擊後迅速擺成右勢。

【簡釋】：勾踢腿主要用於攻擊對手的腳跟和踝關節，以破壞其支撐穩定性，能使對手失去平衡而倒地，從而遏止其進攻和直接得分。在格鬥中使用時，要配合步法主動靠近對手，勾踢時不能有預擺動作，力求快速有力，擊點準確；如配以手的摟撥對手上體相配合，效果最好。由於勾踢腿在近戰中使用，所以要注意對自身的防護。

圖 3-91

圖 3-92

散打的基本技術

例1 當對手逼近欲攻擊，且身體重心落在左（前）腳時，迅速用右勾踢腿勾擊其腳跟（圖3-93）。

例2 當對手用左正蹬腿攻擊你胸部時，迅速抄抱其腿，接著墊右步以左勾踢腿勾擊其右支撐腿下端，同時用手上托其腿（圖3-94、圖3-95），將之摔倒。

圖 3-93

（六）後掃腿

以右後掃腿為例：左腿屈膝全蹲，腳尖內扣，腳跟提起，上體前俯，兩手扶地；隨即以左腳前掌為軸上體向右後擰轉，帶動右腿向左後方弧線擦地直腿後掃，腳掌內扣並勾緊，力達腳跟（圖3-96、圖3-97）。

圖 3-94

圖 3-95

圖 3-96　　　　　　　　　　　圖 3-97

【要點】：

（1）俯身與轉體後掃要快速連貫；以腰帶腿掃擊，重心要穩。

（2）掃擊後，迅速還原成預備勢。

【簡釋】：後掃腿主要用於掃絆對手支撐腿的踝關節和腳跟，使其失去平衡而倒地。在格鬥中多用於對付凶猛、攻擊力強和前衝逼打的對手。在使用時要把握好時機，掃擊迅猛、有力，才能使之防不勝防。另外，實施掃擊時，要注意對自身的防護及保持身體平衡，掃擊後順勢站立。

例1　當對手前衝逼打時，迅速向右跨步閃躲，隨即用右後掃腿猛力掃絆對手的踝關節（圖 3-98、

圖 3-98

圖 3-99）。

　　例2　當對手用右橫踢腿攻擊你頭部時，迅速下蹲閃躲，同時以右後掃腿猛力掃擊其左支撐腿的腳踝處（圖 3-100、圖 3-101）。

圖 3-99

圖 3-100

圖 3-101

（七）截　腿

以右截腿為例：重心前移，左腿稍屈支撐，同時右腿旋外屈膝提起，腳尖勾起並外翻；隨即由屈至伸向前下方截擊，力達腳掌（圖 3-102、圖 3-103）。

【要點】：

（1）腳踝緊張，出腿迅疾，送髖。

（2）保持身體平衡，快打快收。

【簡釋】：截腿主要用於截擊對手的膝關節或小腿。在格鬥中即能主動攻擊，又能堵截對手腿法的進攻，兼有進攻和防守的雙重作用。在運用時，要判斷準，反應快，搶先出腿，以快打慢，猛力截擊對手的小腿，破壞、封阻其攻擊。要注意對自己上體的防護，截擊成功後，要迅速反擊。

圖 3-102

圖 3-103

圖 3-104   圖 3-105

例 1　當對手進步欲用拳攻擊你時，快速以右腿截擊其小腿正面（圖 3-104）。

例 2　當對手提膝欲用腿法攻擊你時，搶先出腿，截擊對手的小腿（圖 3-105）。

（八）騰空側踹腿

以騰空左側踹為例，身體重心前移至左腳，上體隨之稍左轉，同時右腿屈膝提起並向前擺出；隨即左腳用力蹬地使身體騰空，上動不停，左腿屈膝、勾腳尖，迅速由屈到伸向前踹出，力達全腳掌。踹擊結束時，右腿自然落地緩衝（圖 3-106、

圖 3-106

圖 3-107   圖 3-108

圖 3-107、圖 3-108）。

【要點】：

（1）騰空與踹擊要快速連貫，全身協調配合；踹擊時要借助自身的衝力。

（2）踹擊後要注意保持自身平衡。

【簡釋】：騰空側踹腿是實戰中較難運用的一種腿法，「規則」中被列為 4 分動作。在實戰中多用於主動進攻，追擊和逼打對手。但時機要恰當，距離要適宜，並快打快收，以免被對手所乘。常以對手的頭部、軀幹為主要攻擊目標。攻擊時則要全力以赴，並借助自身的衝力增加攻擊威力，力求重創對手。

實施騰空踹擊時，要注意對自身的防護，踹擊完成後要加強落地時的防守。

例1　當主動進攻致使對手防守失措時，迅速騰空踹擊其頭或胸部（圖 3-109、圖 3-110）。

例2　當對手消極抵抗或疲憊不堪時，用騰空側踹腿攻擊其頭部或軀幹（圖 3-111）。

圖 3–109

圖 3–110

圖 3–111

五、散打的摔法

摔法，是指在近距離或貼身格鬥中，用巧妙的技法使對手倒地的方法。熟練地掌握摔法技術，成功地運用摔法動作，是得分取勝的有效手段；同時還會給對手在精神上造成很大的壓抑，極大地消耗對手的體力，限制其技、戰術的運用和發揮。

散打中的摔法，是根據對手的攻防動作及身體姿勢、站位等不同情況隨機運用的。所以在實際搏鬥時，必須做到快速、果斷，順勢借力施技，以迅雷不及掩耳之勢摔倒對手，以免遭對手的拳、腿擊；而且要隨機應變，配合踢、打等多種技法靈活運用，摔打結合，才能制人而不受制於人。摔法能靈活運用於主動進攻或防守反擊中，內容豐富，技法繁多，本書僅重點介紹散打中最為常用的快摔法。

（一）抱腿過頂摔

1.抱雙腿過頂摔

當對手用沖拳攻擊你頭部時，迅速下潛躲閃，同時上左步，屈膝、弓腰，兩手由外向內抱其雙腿根部，左肩前頂其髖腹部；隨即上右步，蹬腿、挺腰、抬頭將對手抱起向後摔（圖 3-112、圖 3-113）。

【要點】：潛閃、上步要快，抱腿要緊；整個動作

圖 3-112　　　　　　　　圖 3-113

要快速連貫，一氣呵成。

2.抱單腿過頂摔

技法同抱雙腿過頂摔相同。只是左手抱對手左腿根部，右手從外向內摟抱其左大腿，左肩前頂其髖腹部；以肩為支點將對手抱起向後摔（圖 3-114、圖 3-115）。

圖 3-114　　　　　　　　圖 3-115

【要點】：與抱雙腿過頂摔基本相同。左手亦可從對手襠下穿過，並上托助力。

(二)抱雙腿前頂摔

由兩手抱住對手雙腿開始。當對手重心下降防守時，兩手屈肘迅猛用力回拉，同時左肩向前頂對手髖腹部，將其摔倒（圖3-116、圖3-117）。

【要點】：抱腿要緊；手拉、肩頂協調一致，迅猛有力。

(三)抱單腿挫膝摔

從兩手抱住對手左腿開始。當對手重心下降並按壓你背部反抗時，迅速用右手猛力回拉對手小腿下踹，同時左肩下壓其腿根部，使對手膝關節被挫而倒地（圖3-118、圖3-119）。

圖3-116

圖3-117

圖 3-118

圖 3-119

【要點】：變手要快，拉腿、壓肩脆快有力。

（四）鎖臂過頂摔

從兩手抱住對手雙腿開始。當對手上體前俯抱壓你背部時，迅速用兩手分別抓握對手左、右手（前臂），隨即向前上右步，抬頭、挺胸、蹬腿，將對手向後摔（圖 3-120、圖 3-121）。

圖 3-120

圖 3-121

【要點】：抓手要緊；整個動作要快速連貫，爆發用力。

（五）切　摔

當對手用左摜拳攻擊你頭部時，迅速用右前臂向外格擋並摟抓其手臂；隨即左腳向對手左腿後插步別其腿，同時左臂由對手右肩上穿過，向前下方切壓其頸部，上體前俯並向右擰轉，將對手摔倒（圖 3-122、圖 3-123）。

【要點】：格擋及時，插步別腿與切壓要協調一致，快速有力。

（六）夾頸過背摔

當對手用右摜拳攻擊你頭部時，迅速用左前臂向外格擋並摟抓其手臂；隨即上右步落在對手右腳前，同時

圖 3-122

圖 3-123

圖 3-124

圖 3-125

右臂屈肘夾其頸部；繼
之向左轉體，左腳背步
至與右腳平行，背轉向
對方，兩腿屈膝，用右
側臀部抵頂住對手腹
部；動作不停，兩腿蹬
伸，向下弓腰、低頭將
對手背起後摔倒（圖
3-124、圖 3-125、圖
3-126）。

圖 3-126

　　【要點】：進身快，夾頸緊；蹬腿、低頭協調連
貫，脆快有力。

（七）摟腰過背摔

　　技法與夾頸過背摔相同。只是右臂從對手左腋下穿

現代散打

図 3-127

図 3-128

過並摟抱住其腰背部（圖 3-127、圖 3-128、圖 3-129）。

【要點】：進身快，貼靠緊；快速連貫，發力迅猛。

（八）抱腿過背摔

當對手用右正蹬腿（側彈腿）攻擊你胸部時，迅速兩手抓抱對手右小腿或腳踝處；隨即身體左後轉，左腿背步，兩膝屈蹲，將對手右腿抬扛於右肩上；繼而低頭、弓腰，兩腿蹬伸，兩手向前下猛力拉拽，將對手過背摔倒（圖 3-130、圖 3-131、圖 3-132）。

【要點】：閃步、抓抱快速連貫；整個動作要一氣呵成。

圖 3-129　　　　　　　　　圖 3-130

圖 3-131

圖 3-132

（九）接腿上托摔

當對手用右正蹬腿攻擊你胸部時，迅速用兩手抓握住對手小腿或腳踝處；隨即屈臂上抬，兩手換托對手右

圖 3-133   圖 3-134

腳後，向前上方猛力推舉，將對手摔倒（圖 3-133、圖 3-134）。

【要點】：抓腳換手要快速連貫；推舉迅猛有力。

（十）接腿轉壓摔

當對手用左側彈腿攻擊你腹部時，迅速上步並用左手抄抱對手左腿膕窩處，右手摟抓其小腿下端，稍低頭；隨即右腳撤步，含胸收腹，向右轉體，同時右手向內扳壓，左肩前頂對手大腿內側，將對手摔倒（圖 3-135、圖 3-136）。

【要點】：抱腿要緊；撤步、轉體與扳壓要快速連貫，協調一致。

（十一）接腿勾踢摔

當對手用右側彈腿攻擊你頭部時，迅速上左步，同

圖 3-135

圖 3-136

圖 3-137

圖 3-138

時左手抄抱對手小腿，右手向外格擋；隨即右手從對手
右肩上穿過摟扒其頸部後側，並向右側下方拉拽；左手
上抬，右腳從右向左猛力勾踢對手左支撐腿踝關節處，
將其摔到（圖 3-137、圖 3-138）。

【要點】：左手夾抱腿要緊；左手上抬、右手拉拽與勾踢要協調一致，迅猛有力。

（十二）接腿打腿摔

當對手用左正蹬腿攻擊你胸部時，迅速左閃步躲閃，同時左手抄抱住對手左腿膕窩處，右手抓握其左小腿下端；隨即墊右步，上體向右後轉，左腿從右向左猛力掃打對手右支撐腿小腿，將其摔倒（圖 3-139、圖 3-140）。

【要點】：抱腿要緊；轉體、打腿要協調一致，快速有力。

（十三）接腿摟腿摔

當對手用左側踹攻擊你胸部時，迅速左閃步，同時左手抄抱住對手左腿膕窩處，右手抓握其小腿；隨即上

圖 3-139

圖 3-140

圖 3-141　　　　　　　圖 3-142

右步，左腿抬起前伸，由前向後摟踢對手右支撐腿小腿，同時兩手上抬前推，將對手摔倒（圖 3-141、圖 3-142）。

【要點】：閃步、抱腿要協調連貫，抱腿要緊；摟腿與手的上抬前推要同時進行。

（十四）拉膝撥腰

當對手夾住你頸部欲使用夾頸摔時，迅速下蹲，用右手由外向內回拉其膝關節下側，同時左手（前臂）向前下撥壓其腰部，將對手向前摔倒（圖 3-143、圖 3-144、圖 3-145）。

圖 3-143

圖 3-144　　　　　　圖 3-145

【要點】：下蹲快；拉膝與撥壓要協調一致，快速
有力。

（十五）壓頸推膝

當對手抱住你左腿膝關節時，立即重心下沉防守；
隨即用左手按壓對手
的後頸部，右手由內
向外推托其左膝關
節，隨左後轉體將對
手向左側摔倒（圖
3-146、 圖 3-147、
圖 3-148）。

【要點】：反應
快，壓頸與推膝協調
一致，迅猛有力。

圖 3-146

圖 3-147　　　　　　　　　　圖 3-148

六、散打的防守法

　　防守法，是指遏止或消弱、破壞對手的進攻，保護自己並能使自己處於最佳的反擊位置的方法。其最終目的在於防守後的反擊。準確、巧妙的防守，不但能有效地保護自己，而且能為反擊創造有利的條件。

　　防守分為接觸性防守和不接觸（閃躲）性防守兩類。接觸性防守是藉由肢體的攔截達到防守目的；而不接觸性防守是藉由身體姿勢的變化或是位置的移動達到防守目的。在實戰中，要根據不同的情況靈活運用。

　　接觸性防守要求防守面大，動作幅度小，由守轉攻的速度快；不接觸性防守要求時機恰當，位移準確，以免被擊或貽誤反擊的時機。

總之，在運用防守技術時，要善於洞察對手的意圖和進攻招法，判斷準確，反應敏捷，才能有效地防住對手的進攻，然後再尋找有利的戰機去打擊對手。

（一）接觸防守

1.拍　擋

　　以左拍擋爲例：左手以掌心爲力點向裡橫向拍擋攻來的目標，並稍向右轉體（圖3–149）。

　　【**要點**】：動作幅度小，以防住自己上體爲宜；用力要短促。

　　【**簡釋**】：主要用於防守直線型手法或腿法對頭、頸、胸部的攻擊。拍擋時機要恰當，在對手將要擊中你時，運用拍擋改變其攻擊路線或減弱其攻擊力。拍擋防守後，要快速反擊。如拍擋沖拳（圖3–150）、側彈腿

圖 3–149

圖 3–150

圖 3-151　　　　　　　　　　　　圖 3-152

（圖 3-151）等。

2.外　格

以左外格爲例：左臂屈肘，邊內旋邊向左斜前，以尺骨側爲力點外格攻來的目標（圖 3-152）。

【要點】：邊旋邊格，向外用力；要低頭含胸，暴露面小。

【簡釋】：主要用於防守對手橫向型手法或腿法對頭、頸、胸部的攻擊。外格幅度不可過大，以免暴露上體；用力要適中，以格擋住對手的攻擊爲宜。如外格摜拳（圖 3-153）、側彈腿

圖 3-153

現代散打

圖 3-154

圖 3-155

（圖 3-154）等。

3.裡　格

以左裡格爲例：
左臂屈肘，邊外旋邊
從左向右，以尺骨側
爲力點裡格攻來的目
標（圖 3-155）。

圖 3-156

【要點】：邊旋
邊格，向裡用力；要
低頭含胸，稍右轉上體。

【簡釋】：主要用於防守對手直線型手法和腿法對
頭、頸、胸部的攻擊。裡格要用力短促，以防住上體爲
宜，並且格擋後要快速還原或反擊。如裡格沖拳（圖 3-
156）、蹬腿（圖 3-157）。

圖 3-157

圖 3-158

4. 拍　壓

以左拍壓為例：左臂微屈，前臂邊內旋邊由上向前下以掌心尺骨側為力點，拍壓攻來的目標（圖 3-158）。

【要點】：前臂、腕及手指要緊張用力，發力短促。

圖 3-159

【簡釋】：主要用於防守對手直線型手法或腿法對胸、腹部的攻擊。拍壓多配合上體後仰或撤步進行；要時機恰當，快拍快收，並迅速反擊。如拍壓沖拳（圖 3-159）、勾拳、側踹腿（圖 3-160）等。

圖 3-160 圖 3-161

5. 摟　手

以左摟手爲例：左臂屈肘，前臂邊內旋邊翻掌由右上向左下摟刁對手前臂或腕關節（圖3-161）。

【要點】：邊向外格邊摟刁，摟刁要準確及時。

圖 3-162

【簡釋】：主要用於防守對手直線型或橫向型手法對頭、頸和胸部的攻擊。摟刁動作要迅速，準確及時，摟刁後要順勢抓握，並立即反擊。如摟刁沖拳（圖3-162）等。

圖 3-163　　　　　　圖 3-164

6.外　掛

　　以左外掛爲例：左臂以肘關節為軸，左拳由上向下向外伸肘斜掛，肘尖朝外（圖 3-163）。

　　【要點】：前臂、腕要緊張用力；含胸收腹，動作幅度小。

圖 3-165

　　【簡釋】：主要用於防守對手橫向型或直線型腿法對肋、腹部的攻擊。外掛動作幅度要小，在格鬥中多配合閃步進行；掛防後拳可迅速變勾手，勾掛住對手踝關節部位。如外掛橫踢腿（圖 3-164）、側踹腿（圖 3-165）等。

圖 3-166

圖 3-167

7. 裡　掛

以左裡掛為例：
左臂邊內旋邊由上向
下、向右後以橈骨側
為力點，裡掛攻來的
目標（圖 3-166）。

【要點】：稍屈
肘，前臂滾動掛防，
同時上體略向右轉。

圖 3-168

【簡釋】：主要用於防守對手直線型或橫向型腿法
對腹、肋部的攻擊。裡掛動作幅度要小，以防住上體為
宜。如對手攻擊凶猛，應配合閃步進行，並稍轉體。裡
掛防守後，要迅速反擊。如裡掛正蹬腿（圖 3-167）、
側彈腿（圖 3-168）等。

圖 3-169

圖 3-170

8. 外抄抱

以左外抄抱為例：身體左轉，左手臂彎屈邊外旋邊由下向左上伸肘，大、小臂夾角約 90°，掌心朝上；同時右手屈臂前迎對手的攻擊，掌心朝外，手指朝上；兩肘關節相對靠近，兩手相合鎖抱（圖 3-169）。

【**要點**】：兩手協調一致，相合鎖扣，低頭含胸。

【**簡釋**】：主要用於防守對手橫向型腿法對頭、頸、胸、腹部的攻擊。外抄抱可先做左臂下格動作，然後迅速外旋上抄，但右手要始終護好左側頭部，以防高腿擊頭。防護面要大，兩手相合鎖扣，成鉗子狀，將對手小腿夾緊。如外抄抱橫踢腿（圖 3-170）、側彈腿等。

9. 裡抄抱

以左手裡抄抱為例：身體右轉，左手臂彎屈邊外旋

圖 3-171

圖 3-172

邊由上向下屈肘劃弧，大、小臂夾角約 90°，掌心朝上，抄抱對手小腿；同時右手屈臂貼於腹前，並以前臂前迎，掌心朝外，兩手相合鎖抱（圖 3-171）。

【要點】：上左步、右轉體配合左臂裡抄；上臂與前臂夾緊來腿，右前臂前迎相合鎖扣要協調連貫；上體要含縮。

【簡釋】：用於防守對手直線型腿法或異側橫向型腿法對頭頸、胸、腹、肋部的攻擊。在實際搏鬥中運用時，要迅速轉體避開攻擊並勇敢地向前上步抄抱，以抄抱對手膕窩處最佳，保持低頭含胸，並迅疾以接腿摔法反擊。如裡抄抱正蹬腿（圖 3-172）、側彈腿等。

10.阻　截

以左腿阻截為例：左腿屈膝略抬，以腳掌為力點前伸阻截（圖 3-173）。

圖 3-173　　　　　　　　　圖 3-174

【要點】：動作要快，搶在對手進攻之前出擊阻截，支撐要穩。

【簡釋】：先發制人，搶在對手進攻之前阻截其小腿或大腿腿根處，破壞對手的進攻。當對手欲進攻時，即搶先出腿；支撐要穩，並注意保持對上體的防護。阻截成功後，迅速施以反擊。如阻截橫踢腿（圖 3-174）、側踹腿等。

(二) 閃躲防守

1. 後　閃

重心後移，上體略向後仰，重心落於後腿，目視對手（圖 3-175）。

圖 3-175

圖3-176　　　　　　　　　圖3-177

【要點】：後仰幅度適當，支撐要穩。

【簡釋】：用於防守對手拳、腿等對頭、胸部的攻擊。後閃要把握好時機，幅度不宜過大，以躲閃開攻擊為宜，並迅速施以反擊。要保持實戰姿勢，目視對手。如後閃沖拳（圖3-176）、橫踢腿等。

2.側　閃

兩膝微屈，上體前俯並向左側或右側閃躲，目視對手（圖3-177）。

【要點】：上體要含縮，保持實戰姿勢，支撐要穩。

【簡釋】：用於防守對手直線型手法或腿法對上體的攻擊。側閃要時機恰當，上體含縮，以減小暴露面積，側閃後要迅速反擊。如側閃側踹腿（圖3-178）等。

圖 3-178　　　　　　　　圖 3-179

3.潛　閃

屈膝降低重心，同時含胸收腹，低頭縮頸向下躲閃，兩手護頭，兩臂護胸，目視對手（圖 3-179）。

【要點】：動作要協調、快速；暴露面積要小。

圖 3-180

【簡釋】：用於防守對手各種手法或腿法對頭部的攻擊。潛閃要迅速、及時，防護好上體，特別是頭部。潛閃多與抱腿摔反擊同時進行。如潛閃沖拳（圖 3-180）、橫踢腿等。

圖 3-181　　　　　　　　　　圖 3-182

4. 跳　閃

　　兩腳蹬地跳起，使身體向上、後、左、右跳步躲閃攻來的目標，上體姿勢不變（圖 3-181）。

　　【要點】：重心起伏不大，距離適宜，並始終注視對手。

　　【簡釋】：用於向上避閃對手對膝、踝關節的攻擊；或當對手來勢凶猛搶攻時，作為應急防守向後、左、右逃避。跳閃時要保持上體一定程度的緊張，距離要適宜，以便於尋機反擊。如跳閃掃腿（圖 3-182）、蹬腿等。

5. 提　膝

　　重心後移，前腿屈膝提起，後腿微屈支撐，目視對手（圖 3-183）。

圖 3-183 圖 3-184

【要點】：提腿
要迅速，支撐要穩，
上體姿勢保持不變。

【簡釋】：用於
防守對手各種腿法對
下肢的攻擊。提腿要
迅速，並保持對上體
的防護；支撐腿要
穩，使全身處於擊發
狀態。如避閃低踹

圖 3-185

腿、勾踢腿（圖 3-184）等。若對手腿法攻擊腰腹部，
膝關節可裡合或外擺，用小腿進行阻擋，以接觸防守
（圖 3-185）進行對抗。

七、散打的連擊法

連擊，也叫組合連擊，是運用兩個或兩個以上動作連續攻擊的方法。即可單招連續攻擊，又可多招連環擊打。

由於散打技術動作繁多，所以，連擊方法多樣，千變萬化。但組合不能是盲目的，要根據動作轉換的合理性和實戰中運用的可行性、實效性而組合、搭配，才能達到連擊得分和重創對手的目的。

在現代散打比賽中，僅靠單招攻、反是很難奏效的，必須熟練掌握和靈活運用連擊技法。一旦抓住戰機就全力以赴猛攻，以迅雷不及掩耳之勢連續攻擊，使對手處於上、下、左、右多點受擊之中，令其措手不及、防不勝防，才能獲得最佳的打擊效果。在實施連擊時，要注意動作之間的銜接，合理地處理和熟練掌握兩次擊打動作之間的節奏及身體姿勢。一般來說，第一擊的結束應該是第二擊最佳發力的準備姿勢。

散打比賽中常用的連擊法有拳法連擊、腿法連擊、拳腿連擊、拳摔連擊、腿摔連擊、拳腿摔連擊等六種，現分別舉例，可根據自己的實際情況選擇練習。

（一）拳法連擊

1.左沖拳—右沖拳

【要點】：步、拳協調配合，快速連貫，左拳快，右拳猛、狠。

2.左沖拳—右沖拳—左摜拳

【要點】：左、右沖拳快速連貫，左摜拳要借助上體的驟然向右擰轉增力，還原快。

3.左沖拳—左摜拳—右抄拳

【要點】：沖、摜拳要協調連貫，摜拳要猛；抄拳則借摜拳攻擊後的縮身蓄力，突然挺腹、轉體、爆發抄擊。

4.左沖拳—右摜拳—左鞭拳

【要點】：步、拳協調配合；左沖拳要快，能破壞對手的防禦；右摜拳要猛，並「超目標」擊打，為鞭拳作準備；轉體與鞭擊要協調一致，鞭擊迅猛有力。

5.右沖拳—左摜拳—右摜拳

【要點】：重心前移，右沖拳重擊；左摜拳要快打快收，為右摜拳蓄力；轉體與右摜擊要協調一致，「超目標」擊打。

(二)腿法連擊

1.左低側彈—左側踹

【要點】：左彈腿快打快收，爆發用力，彈擊後順勢向前落步；右腳用力蹬地，使身體重心前移，借助身體的衝力猛力踹擊。

2.左側踹—右側彈

【要點】：左側踹攻擊迅猛有力；隨著踹擊身體重心迅速前移，左腳順勢左前落步並迅疾右側彈擊；側彈擊點多變。

3.左正蹬—右側踹

【要點】：快蹬快收，並左前落步；隨之身體左轉帶動右腿快速向前踹出。

4.左正蹬—右橫踢

【要點】：蹬腿發力短促，並向前落步；隨之上體左轉，帶動右腿快速橫踢；保持身體平衡。

5.右低橫踢—左轉身橫掃腿

【要點】：右橫踢要猛、狠，並順勢左前落步；隨即上體左後轉，帶動左腿猛力掃擺，超目標擊打；保持身體平衡。

散打的基本技術

6.右勾踢—右側踹—左轉身踹

【要點】：勾踢快打快收，並向前落步；隨身體重心前移墊左步，右腿猛力向前踹出；踹擊後左前落步，身體左後轉帶動左腿向後踹擊。整個連擊要快速連貫，攻擊距離遠。

(三)拳腿連擊

1.左低側彈—右沖拳

【要點】：側彈脆快有力；彈擊結束的剎那右腳蹬地，使身體前移並順勢沖拳攻擊。

2.左側踹—右沖拳

【要點】：側踹攻擊快速有力；踹擊結束的同時右腳用力蹬地使身體前移，隨之猛擊右拳，攻擊距離遠。

3.左正蹬—左沖拳—右沖拳

【要點】：正蹬快打快收，隨之向前落步；右腳用力蹬地使身體前衝，同時擊出左、右沖拳，沖拳快速連貫。

4.左攢拳—右橫踢

【要點】：攢拳要猛，超目標擊打；借助攢擊上體右轉蓄力，接著快速左轉體帶動右腿猛力向左橫向踢

擊。

5.左沖拳─右沖拳─右勾踢

【要點】：左、右沖拳快速連貫，迅猛有力；勾踢短促，爆發用力。

6.左低側彈─左、右沖拳─右低橫踢─左轉身橫掃腿

【要點】：側彈脆快有力；沖拳與橫踢快速連貫，橫踢超目標擊打並順勢左前落步；轉身迅猛，帶動左腿猛力掃擊。

（四）拳摔連擊

1.左沖拳─左切摔

【要點】：沖拳快速有力；墊右步與切摔要快速連貫；左手配合向右前撥壓。

2.左沖拳─右沖拳─抱腿摔

【要點】：左、右沖拳快速連貫，拳、步協調；下潛抱腿快，蹬腿、挺腹有力。

3.左沖拳─右摜拳─右夾頸摔

【要點】：沖拳快打快收；右摜拳迅猛有力，上步與摜拳同時進行；夾頸、背步與摔協調連貫，一氣呵

成。

4.右沖拳—左抄拳—接腿轉壓摔

【要點】：沖、抄拳快速連貫，沖拳迅猛有力；上步、接腿與轉壓摔要協調連貫。

5.右摜拳—左摜拳—接腿勾踢摔

【要點】：右、左摜拳協調連貫，迅猛有力；上步、接腿與勾踢快速連貫，上、下配合一致，勾踢爆發用力。

(五)腿摔連擊

1.左側彈—左切摔

【要點】：側彈脆快有力，彈踢後順勢右前落步；墊右步與切摔快速連貫；全身上、下協調一致。

2.左正蹬—抱腿前頂摔

【要點】：快蹬快收，並向前落步；下潛抱腿快，拉腿與頂肩協調連貫。

3.左低側彈—右橫踢—右夾頸摔

【要點】：側彈快打快收；橫踢迅猛有力，並順勢左前落步；夾頸、背步與摔協調連貫，一氣呵成。

4.左側踹—接腿勾踢摔

【要點】：側踹快速有力，快打快收；上步與接腿動作協調一致；勾踢爆發用力，兩手配合上抬。

5.右低橫踢—左轉身橫掃腿—接腿打腿摔

【要點】：橫踢超目標擊打，順勢左前落步；轉身掃擺迅猛有力；接腿、打腿全身協調一致，快速連貫。

（六）拳腿摔連擊

1.左低側彈—右沖拳—抱腿摔

【要點】：側彈脆快有力，沖拳迅猛；彈腿與沖拳快速連貫；下潛抱腿快，全身協調靈活。

2.右沖拳—左側踹—左切摔

【要點】：沖拳快打快收；側踹迅猛有力；踹擊落步與上步切摔快速連貫，切摔時全身上、下協調一致。

3.左正蹬—右摜拳—右夾頸摔

【要點】：快蹬快收，摜拳迅猛有力；蹬腿與摜拳快速連貫；夾頸、背步與摔協調連貫，一氣呵成。

4.左沖拳—右側彈—接腿摟腿摔

【要點】：沖拳快打快收；側彈爆發用力，彈至身

體正前方時制動；接腿與摟腿摔快速連貫，協調一致。

5.左摜拳—左側踹—接腿打腿摔

【要點】：摜拳脆快有力；側踹爆發用力，超目標踹擊；摜拳與踹腿快速連貫；接腿與打腿摔全身上、下協調一致，用力順達。

散打技術的實戰運用

　　現代散打比賽對抗日益激烈，運動員使用技、戰術始終處於發揮與反發揮、限制與反限制的劇烈競爭之中。如何把已學習和掌握的基本步法、拳法、腿法和摔法技術在實戰搏鬥中靈活有效地運用和適時發揮，從而達到「制人而不制於人」的目的，是技戰術訓練乃至成為一個散打高手的關鍵環節。

　　本章我們根據散打技、戰術運用的規律及教學訓練實踐經驗，分別列舉基本技術在主動進攻、防守反擊、攻中反反擊中的實戰運用技巧，供參照演練。如此反覆練習，直至熟練掌握，會有助於你快速提高散打實戰能力。

　　但在錯綜複雜、瞬息萬變的散打比賽中運用和實施時，一定要沉著冷靜、審時度勢，根據臨場各種因素的變化隨機施技，靈活應變，而不能墨守成規。

一、主動進攻

（一）左側彈腿—右沖拳擊頭

　　雙方由預備姿勢開始（圖4-1）；你突然墊右步並用左側彈腿搶攻對手的左腿膝關節內側（圖4-2）；當對手提膝或退步防守時，接著迅速用右沖拳攻擊其頭部（圖4-3）。

圖 4-1

圖 4-2

圖 4-3

散打技術的實戰運用

(二) 左側彈踢腿——左側踹擊胸

雙方由預備姿勢開始；你突然提左腿彈踢對手左小腿（圖4-4）；當對手退步防守時，迅速擊右步用左側踹猛力踹擊其胸腹部（圖4-5）。

圖 4-4

圖 4-5

（三）左側踹擊胸─右橫踢擊肋

雙方由預備姿勢開始；你突然插步並用左側踹搶攻對手的胸腹部（圖4-6）；接著迅速用右橫踢攻擊其腹、肋部（圖4-7）。

圖 4-6

圖 4-7

（四）沖拳擊頭——左側彈踢腹

雙方由預備姿勢開始；你突然用左、右沖拳搶攻對手的頭部（圖4-8）；當對手抬臂防守時，快速用左側彈腿攻擊其腹部（圖4-9）。

圖4-8

圖4-9

（五）沖拳擊頭──右正蹬擊胸

　　雙方由預備姿勢開始；你突然用左、右沖拳搶攻對手的頭部（圖4-10）；隨即用右正蹬腿攻擊其胸腹部（圖4-11）。

圖4-10

圖4-11

（六）右擯拳擊頭——右橫踢擊肋

雙方由預備姿勢開始；你突然用左沖拳搶攻對手的臉部，接著用右擯拳攻擊其頭部（圖4-12）；隨之再用右橫踢腿攻擊其肋部（圖4-13）。

圖 4-12

圖 4-13

(七)右勾踢勾腿——左轉身橫掃腿踢頭

　　雙方由預備姿勢開始；你用左拳佯攻對手的頭部
（圖4-14），接著突然用右勾踢腿勾擊其左腿踝關節處
（圖4-15）；當對手抬腿或退步防守時，順勢左後轉身
用左橫掃腿攻擊其頭部（圖4-16）。

圖 4-14

圖 4-15

圖 4-16

（八）左橫踢擊腿—右鞭拳擊頭

　　雙方由預備姿勢開始；你突然用左橫踢搶攻對手的左小腿（圖 4-17）；上動不停，左腳順勢右前落步，右後轉身用右鞭拳攻擊其頭部（圖 4-18）。

圖 4-17

圖 4-18

（九）右橫踢擊腿—左摜拳擊頭

雙方由預備姿勢開始；你突然用右橫踢腿搶攻對手的左小腿外側（圖 4-19）；當對手受擊而站立不穩或提膝防守時，隨即用左摜拳攻擊其頭部（圖 4-20）。

圖 4-19

圖 4-20

散打技術的實戰運用

（十）左正蹬擊腹—右側踹擊頭

　　雙方由預備姿勢開始；你左拳佯攻對手的頭部，隨即突然墊右步用左正蹬腿攻擊其腹部（圖4-21）；接著左腳向左前落步，用右側踹腿攻擊其頭部（圖4-22）。

圖 4-21

圖 4-22

（十一）左沖拳擊面—騰空側踹擊胸

雙方由預備姿勢開始，突然上左步用左沖拳搶攻對手的面部（圖4-23）；當對手退步防守時，迅速兩腳蹬地跳起用左腿踹擊其胸部（圖4-24）。

圖 4-23

圖 4-24

（十二）左側踹擊膝——左側踹擊頭

雙方由預備姿勢開始，左拳佯攻對方的臉部，隨即突然用左側踹搶攻其左腿膝關節處（圖4-25）；當對方膝關節受挫或退步防守時，接著迅速用左側踹攻擊其頭部（圖4-26）。

圖 4-25

圖 4-26

（十三）左側彈踢腿—右橫踢擊頭—左轉身踹踹胸

雙方由預備姿勢開始，你突然用左側彈腿搶攻對方的左小腿內側（圖4-27）；隨之用右橫踢腿攻擊其頭部（圖4-28）；接著順勢用左轉身踹腿攻擊其胸腹部（圖4-29）。

圖 4-27　　　　　　　　　圖 4-28

圖 4-29

（十四）左側踹擊頭──左切摔

雙方由預備姿勢開始，你突然墊右步用左側踹搶攻對手的頭部（圖 4-30）；當對手受擊或仰頭防守時，順勢用左切摔將其摔倒（圖 4-31）。

圖 4-30

圖 4-31

（十五）左正蹬擊腹—右貫拳擊頭—右夾頸摔

雙方由預備姿勢開始，你突然用左正蹬腿搶攻對手的胸部（圖4-32）；隨即用右貫拳攻擊其頭部（圖4-33）；接著順勢上右步、背左步，用右夾頸摔將其摔倒（圖4-34）。

圖4-32　　　　　　　圖4-33

圖4-34

二、防守反擊

（一）拍擋沖拳──右沖拳擊頭──右側彈踢肋

　　雙方由預備姿勢開始（圖4-35），對手用右沖拳攻擊你臉部，迅速用左手拍擋防守（圖4-36）；隨即用右沖拳反擊其頭部（圖4-37）；接著用右側彈腿攻擊其左肋部（圖4-38）。

圖 4-35

圖 4-36

圖 4-37

圖 4-38

（二）格擋摜拳—右沖拳擊頭—右夾頸摔

雙方由預備姿勢開始，對手用右摜拳攻擊你頭部左側，迅速用左臂外格防守（圖4-39）；隨即用右沖拳反擊其頭部（圖4-40）；接著右臂順勢夾鎖其頸部，左手摟夾其右臂（圖4-41）；上動不停、背步、弓身將對手過背摔倒（圖4-42）。

圖 4-39

圖 4-40

圖 4-41　　　　　　　　圖 4-42

（三）潛閃沖拳——抱腿過頂摔

雙方由預備姿勢開始，對手突然上步用右沖拳攻擊你頭部，迅速下潛閃躲（圖 4-43）；隨即用兩手從外向內摟抱其雙腿根部；上動不停，上步、抬頭、蹬地將對手過頂摔出（圖 4-44）。

圖 4-43　　　　　　　　圖 4-44

（四）退閃摜拳—左正蹬擊腹—右沖拳擊頭

雙方由預備姿勢開始，對手突然用左摜拳攻擊你頭部右側，迅速向後退閃（圖 4-45），隨即用左正蹬腿反擊其腹部（圖 4-46）；接著用右沖拳攻擊其頭部（圖 4-47）。

圖 4-45

圖 4-46

圖 4-47

（五）退閃沖拳—右橫踢腿踢腿—左摜拳擊頭

雙方由預備姿勢開始，對手突然前衝並用右沖拳攻擊你頭部，迅速向右後方退閃（圖4-48）；隨即用右橫踢腿反擊其左腿外側（圖4-49）；接著用左摜拳攻擊其頭部（圖4-50）。

圖4-48

圖4-49

圖4-50

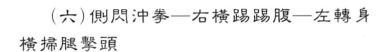

（六）側閃沖拳—右橫踢踢腹—左轉身橫掃腿擊頭

雙方由預備姿勢開始，對手突然上步前衝並用右沖拳攻擊你頭部，迅速向左側閃躲避（圖4-51）；隨即用右橫踢腿反擊其腹部（圖4-52）；接著順勢左後轉身，用左橫掃腿攻擊其頭部（圖4-53）。

圖4-51

圖4-52

圖4-53

（七）提膝防腿——右沖拳擊頭

　　雙方由預備姿勢開始，對手突然用右側彈腿攻擊你左小腿，迅速提膝防守（圖 4-54），隨即用右沖拳反擊其頭部（圖 4-55）。

圖 4-54

圖 4-55

（八）蹬髖阻擊——左側踹擊頭

雙方由預備姿勢開始，當對手欲抬左腿攻擊你時，迅速用左正蹬腿搶先阻擊其髖關節處（圖 4-56），接著用左側踹腿攻擊其頭部（圖 4-57）。

圖 4-56

圖 4-57

（九）退閃側彈腿—右側彈踢腿—左橫踢腿踢腹

雙方由預備姿勢開始，對手突然用左側彈腿攻擊你左小腿，迅速退閃（圖4-58），隨即用右側彈腿反擊其左腿外側（圖4-59）；接著用左橫踢腿攻擊其腹部（圖4-60）。

圖 4-58

圖 4-59　　　　　　　　圖 4-60

（十）裡掛側彈腿—右鞭拳擊頭—左側彈踢肋

　　雙方由預備姿勢開始，對手用左側彈腿攻擊你腹部，迅速左手裡掛防守（圖4-61），上動不停，隨即以右鞭拳反擊其頭部（圖4-62）；接著用左側彈腿攻擊其肋部（圖4-63）。

圖 4-61

圖 4-62

圖 4-63

(十一)掛防右正蹬—右摜拳擊頭

雙方由預備姿勢開始,對手用右正蹬腿攻擊你腹部,迅速用左手裡掛防守(圖4-64);隨即用右摜拳反擊其頭部(圖4-65)。

圖4-64

圖4-65

（十二）拍壓左正蹬—右側彈踢腿—左沖拳擊頭

雙方由預備姿勢開始，對手用左正蹬腿攻擊你胸腹部，迅速退步閃躲並左手拍壓其小腿下端防守（圖 4-66）；隨即用右側彈腿反擊其左腿膝關節外側（圖 4-67）；接著用左沖拳攻擊其頭部（圖 4-68）。

圖 4-66

圖 4-67

圖 4-68

（十三）摟防左側踹—右勾踢摔

雙方由預備姿勢開始，對手用左側踹腿攻擊你胸腹部，迅速撤右步、收腹坐臀並用兩手摟抓其左腳踝關節處（圖 4-69）；隨即兩手向左上方搖舉其腿（圖 4-70）；同時墊左步，用右腿勾踢其右支撐腿小腿下端，將對手摔倒（圖 4-71）。

圖 4-69

圖 4-70

圖 4-71

（十四）潛閃右側踹─轉身右後掃

雙方由預備姿勢開始，對手用右側踹腿攻擊你頭部，迅速下潛閃躲（圖 4-72）；上動不停，隨即右後轉體用右掃腿反擊其左支撐腿小腿下踹，將對手摔倒（圖 4-73）。

圖 4-72

圖 4-73

（十五）格擋左側彈—右騰空後旋踢

雙方由預備姿勢開始，對手用左側彈腿攻擊你胸腹部，迅速用右前臂格擋防守（圖4-74）；隨即雙腳蹬地跳起用右騰空後旋踢反擊其頭部（圖4-75）。

圖 4-74

圖 4-75

三、攻中反反擊

（一）右沖拳擊頭—裡掛右蹬腿—右摜拳擊頭

雙方由預備姿勢開始（圖 4-76）；你用右沖拳搶攻對手的頭部，對手撤步並用右正蹬腿反擊你的腹部（圖 4-77）；你迅速用左手裡掛防守（圖 4-78）；隨即用右摜拳擊其頭部（圖 4-79）。

圖 4-76

圖 4-77

圖 4-78 　　　　　　　　　圖 4-79

（二）左摜拳擊頭──潛閃右沖拳──抱腿前頂摔

雙方由預備姿勢開始；你用左摜拳攻擊對手的頭部，對手用右沖拳反擊你的臉部（圖 4-80）；你迅速下潛閃躲並用抱腿前頂摔將其摔倒（圖 4-81）。

圖 4-80 　　　　　　　　　圖 4-81

（三）左側彈踢腿—抄抱右側彈腿—右沖拳擊頭

雙方由預備姿勢開始；你用左側彈腿攻擊對手的左小腿，對手撤左步防守並用右側彈腿反擊你的左肋部（圖4-82）；你迅速用左手抄抱其腿防守，隨即用右沖拳擊其頭部（圖4-83）。

圖 4-82

圖 4-83

（四）右側彈踢腿—提膝防左側彈—左橫踢腿踢頭

雙方由預備姿勢開始；你用右側彈腿攻擊對手的左小腿外側，對手退閃並用左側彈腿反擊你的右腿（圖4-84）；你迅速右腿提膝外格防守（圖4-85），隨即用左橫踢腿踢擊其頭部（圖4-86）。

圖4-84

圖4-85　　　　　　　　　圖4-86

（五）左側踹腿踹腹—潛閃右沖拳—折腰摟腿摔

　　雙方由預備姿勢開始；你用左側踹腿攻擊對手的胸腹部，對手退閃並用右沖拳反擊你的頭部（圖4-87）；你迅速下潛閃躲並摟抱其腰部（圖4-88），上動不停，上體前壓其胸，右小腿摟其左小腿（圖4-89），將對手摔倒。

圖4-87

圖4-88

圖4-89

散打的基本戰術

　　散打戰術，是根據比賽雙方的各種具體情況，為戰勝對手而採取的計策和方法。隨著現代散打競技運動的普及和深入開展，比賽中運動員的技術水準和競技能力日趨接近，單憑身體條件和技術優勢戰勝對手的現象逐漸減少，比賽中只有透過有效的戰術，把良好的身體素質和技術技能充分發揮運用出來，才能取得比賽的勝利。因此，散打比賽的戰術就成為散打訓練的重要組成部分。

　　散打戰術的作用在於把運動員已經獲得的身體、技術、心理等訓練成果，根據比賽雙方的具體情況最優化地進行綜合應用，其核心就是「制人而不制於人」，達到克制對手的目的，創造對自己有利的各種條件，從而掌握比賽的主動權。為了爭取主動，一方面對自己要揚長避短，另一方面對對方要抑長制短。

　　在比賽雙方旗鼓相當、勢均力敵的情況下，正確地運用戰術，可以減少體力的消耗和無效行動，對奪取比賽的勝利具有極其重要的作用。

一、基本戰術方法

　　散打的戰術方法，是指為了完成戰術意圖而由各種技術動作組成的具體方法。

　　散打以它豐富的技術內容和相生相剋、相互制約、相互轉換的技術規律，具有較為豐富的戰術方法，在本

節裡僅簡介一些常見的戰術方法。

(一) 進攻戰術

進攻戰術，是指運用佯攻、強攻、搶攻等多種進攻手段，主動快速地使用各種技術動作打擊對手，主動出擊，先發制人。

在比賽中，主動進攻是最有效的得分手段和打法。當對手立足未穩、技戰術水準不如自己或利用佯攻擾亂和破壞對手的防守、對手體力不足時，運用主動進攻戰術能破壞對手的心理平衡、壓制對手的氣勢和意志，牽制對手的行動、打亂對手的戰術意圖，迫使對手處於被動不利的狀態，從而掌握比賽的主動權。

(二) 反擊戰術

反擊戰術，是指以守待攻，蓄盈待竭，待對手發出進攻動作後，在防守的過程中反擊對手，以靜待動，後發制人。當對手發起主動進攻時，要判斷準確，反應迅疾，運用嚴密、準確、合理的防守技術，避其鋒芒，挫其銳氣。對手進攻時，身體的某一部位必定會產生防守空隙和薄弱環節，要善於捕捉和把握戰機，迅速反擊得分或重創之。當遇到性情急躁、喜歡猛打猛衝的對手時，運用反擊戰術最為有效。

(三) 制長戰術

制長戰術，是採用行之有效的方法，制約和限制對

手擅長技術的運用和發揮，壓制其氣勢、挫敗其心理，從而達到克敵制勝的目的。

每一個運動員都有自己的擅長技術，或稱為「絕招」，是比賽中得分取勝的主要手段。若能制定針對性強、切實有效的打法，克制對手的擅長技術，使其「絕招」受挫，則能致使對手無所適從，盲目被動。從而揚己之長，實現克敵制勝的目的。

（四）制短戰術

制短戰術，是採用針對性的方法和手段，積極主動地與對手的「短處」，即薄弱環節進行交鋒，避其所長，制其所短。每一個運動員都有自己的弱點和短處，有的防拳能力差，有的防摔能力差，有的體力或心理素質不好等等。

攻其所短，不但能直接得分，而且能造成對手的心理恐懼，使對手始終處於被動挨打的境地，從而牢固把握場上的主動權。

（五）重創戰術

重創戰術，是利用自己的得意技術或「絕招」，在規則允許的範圍內重擊對手，使其喪失戰鬥力，從而獲優勢勝利的打法。

實施重創戰術，自己的拳、腿要具備較強的攻擊威力，並在激烈的比賽中善於捕捉和創造戰機，適時準確、迅猛地重擊對手的頭部、肋部等要害部位，致使對

手受創而失去繼續比賽的信心和能力。

當對手的技術、體力比自己好，或者在比分已落後的情況下，實施重創戰術，是獲勝的最佳打法。

(六) 下臺戰術

下臺戰術，是利用競賽規則和擂臺等客觀條件，採用方法迫使對手掉下擂臺而獲勝或得分的戰術手段。在實戰運用時，有逼打下臺和牽引下臺兩種形式。

若採用逼打下臺，要具備迅猛有力的連續攻擊能力和靈活敏捷的步法，使對手處於多點受擊之中，防不勝防，被動挨打直至下臺。

若採用牽引下臺，要具備良好的判斷力和距離感，把握戰機，巧妙的借用對手的衝力，引進落空，致使其下臺。

(七) 體力戰術

體力戰術，是由體力的合理分配而謀取勝利的戰術行動。現代散打比賽緊張激烈，在一場三局的比賽中運動員體力消耗很大，合理地利用和分配自己的體力，對贏得比賽至關重要。

實施體力戰術，要依對手的情況而定。若體力比對手好，則發揮體力優勢，迫使對手一直處於運動之中，不給對手喘息的機會，耗掉其體力而戰勝之。若體力比對手差，則控制比賽的節奏，機動靈活的與其周旋，保持體力以技術取勝。

(八) 心理戰術

心理戰術，是透過一些特定的方式和措施，對對手心理上施加影響，使對手不能順利完成其預定的戰術決策和戰術行動。心理戰術的核心是心理干擾，其形式與手段多樣。如對對手進行威懾、麻痺、迷惑等，以使對手產生心理壓力過重、煩躁不安、心理過程紊亂、盲目自信或喪失信心等消極情緒，誘使對手在錯誤的心理活動支配下進行錯誤的戰術行動。

心理戰術的主要目的是確立自己的心理優勢，使對手在心理上處於劣勢。

二、對付不同對手的戰術

(一) 對付高個子的對手

高個子的對手具有身高、臂長、腿長的特點，拳、腿的攻擊距離遠，在遠距離上占有優勢；其短處是動作運行路線長，速度較慢，被擊打面大。針對高個子對手的戰術策略是：盡量避免與對手進行遠、中距離戰，打近距離戰，以扼制對手在距離上的優勢。進身施技，連續攻擊，以己之長，攻彼之短。

實戰交鋒時，首先要冷靜、沉著，一般以假動作破壞對手的防守或誘敵出擊後，運用靈活敏捷的步法快速

接近或靠上對手，並施以拳、腿、摔組合連招進行連續的猛烈攻擊，將對手打下擂臺或重創之。

實戰實施時，關鍵是要捕捉和把握好戰機，一旦時機恰當即應當機立斷，迅速果斷地出擊。

（二）對付矮個子的對手

身材矮小的運動員，在同級別中大多是動作靈活，體力較強，出拳重而快，擅用摔法，常採用近距離的連擊或貼身抱摔的戰術打法。

針對矮個子對手的戰術策略是：運用直線型的拳法、腿法和機動靈活的步法，控制距離，在遠、中距離上重創對手或得分取勝。

實戰交鋒時，應多運用前手的沖拳、摜拳等假動作及步法控制距離，並力爭在遠、中距離上發動搶攻得分，得分後快速撤離或抱纏以限制對手反擊。若對手發動猛攻，則可用沖拳、蹬腿、踹腿阻擊，使對手不能靠近；或運用敏捷的步法閃躲，避其鋒芒，並尋機反擊。對抗時，要慎防被對手逼下擂臺或重創。

（三）對付猛攻、猛打的對手

猛攻、猛打的對手，一般有兩種：一是技術好、速度快、攻擊力強的對手，企圖壓制我方技戰術的運用與發揮，求速戰速決。另一種是新手，沒有比賽經驗，其目的是採取猛攻猛打獲得氣勢上的優勢或打亂我方的戰術部署，趁亂獲勝。

針對這類對手的戰術策略是：盡量避免與對手正面的拼打，可用直線型的拳、腿阻擊以遏制其進攻；或引進落空，防守反擊。

實戰交鋒時，首先要沉著冷靜，防守嚴密。與對手保持在中、遠距離，密切洞察和分析對手的攻擊意圖和招法，判斷準、反應要快，誘敵深入，待對手出擊時迅速運用沖拳、蹬腿、踹腿進行阻擊；或運用快速多變的步法閃躲，避開攻擊，消耗其體力，捕捉和把握戰機，在其「老力未盡，新力未發」的時機予以反擊。

對付新手，則可以逸待勞，運用牽引下臺戰術，並伺機重創之。

(四)對付擅長防守反擊的對手

擅長防守反擊的對手，一般具有防守嚴密，反應快、反擊速度快的特點。這類對手在比賽中步法移動靈活、多變，善於控制距離，往往運用假動作迷惑、干擾我方的進攻。針對擅長防守反擊對手的戰術策略是：制造假象，以破壞對手的防守；隱蔽進攻的意圖和運用多變的進攻技法；採用連招攻擊，使其防不勝防。

實戰交鋒時，以假動作破壞和擾亂對手的防守，分散其注意力，隱蔽進攻的意圖和尋找戰機，一旦時機恰當，即快速果斷地出擊，得分後快速撤離或貼身抱摔，制約反擊。亦可強攻硬取，以「迅雷不及掩耳之勢」連續攻擊，使其措手不及，被動挨打。

若能準確的判斷對手的習慣性反擊招法，打其反反

擊，亦是有效的方法和手段。

（五）對付擅長重拳、重腿的對手

擅長重拳、重腿的對手，一般技術較單調，但經過長期系統的訓練，已形成了穩固的動作定型及「絕招」，具有較強的攻擊力和殺傷力。實戰中稍有不慎，即會被對手重創。

對付這類對手的戰術策略是：控制距離，把握距離變化的主動權，限制對手絕招技術的運用和發揮。製造假象，誘敵出擊，尋機打反反擊。

實戰交鋒時，首先要準確的判斷對手重拳、重腿的技術類型和特點，沉著冷靜，機動靈活，時刻與對手保持在其重擊的範圍之外。

實施進攻時，要隱蔽自己的進攻意圖和技法，出其不意，打對手個措手不及，使其重擊無法施展。反擊時，可運用假動作，製造假象，誘敵使用「絕招」出擊，或以閃躲避開攻擊，挫其銳氣，耗其體力；或採用相剋的打法反反擊。

（六）對付左撇子的對手

左撇子對手，是指左手力量大的運動員，在比賽中通常把左手放在後面，成右手、右腿在前的右實戰姿勢，其進攻與反擊的打法明顯區別於左實戰姿勢的運動員。其特點是擅用左手或左腿「重擊」。針對左撇子對手的戰術策略是：盡量在對手的身體右側與其對抗；控

制在交鋒時身體所處的位置與雙方距離，掌握主動權，造成利於自己習慣性打法的態勢。

實戰交鋒時，因雙方都暴露了正面的要害部位，所以要把握距離與角度變化的先機，運用機動靈活、快速敏捷的步法向對手的右側迂迴，捕捉進攻的戰機和有效避開其左拳、左腿的重擊。

主動進攻時，可採用左沖拳或左低側彈腿佯攻，以破壞其防禦，再尋機使用右摜拳或右側彈腿實施重擊。向對手的右側迂迴，可能會遭到其右側踹腿的攻擊，要攻防兼顧，隨時準備運用接腿摔或拳、腿反擊。

三、戰術訓練的要求與方法

(一)戰術訓練的基本要求

1.努力培養運動員的戰術意識

培養戰術意識是戰術訓練的中心環節。運動員在比賽場上的戰術運用既要按照預定戰術方案和教練員的臨場決策指揮，但更重要的是在瞬息萬變的情況下，運動員能善於根據臨場情況，果斷地採取相應措施，決策和運用最有效的戰術行動。

這就要求運動員具有較強的戰術意識，具有獨立作戰能力、戰術思維能力和戰術應變能力等。因此，在訓

練過程中要有意識地運用各種途徑培養和促進運動員戰術意識水準的提高。

2.基本戰術訓練要同多種戰術訓練相結合

在戰術訓練中,要注意戰術訓練的系統性、全面性和靈活性。首先要使運動員精練幾套基本戰術,以保證運動員能在臨場比賽中根據已掌握的技戰術及戰局的實際情況靈活應用。

除掌握基本戰術外,還應根據自己的特點,學習掌握幾種對待不同對手的特殊的戰術方法,以適應各種戰局的需要。在戰術訓練中,既要突出自己的特長,又要揚長補短,根據運動員的實際能力進行訓練。

3.要重視戰術訓練的質量

在戰術訓練過程中,要貫徹「練為戰」的思想,嚴格按照實戰的要求進行訓練。要使運動員不僅要掌握一定數量的戰術,掌握戰術形式的具體使用方法,同時要求在實施過程中必須具有高度的目的性、實效性和靈活性,以提高戰術訓練的質量。

訓練時要求運動員從實戰出發,以能否達到制勝目的為準,力戒華而不實,只求多而不求精的做法。

4.戰術訓練要同其他訓練相結合

戰術訓練的質量與技術、素質、心理等多種競技能力有著密切的關係。技術能力是戰術能力的基礎;身體

能力是提高技術、戰術能力，實施戰術配合的重要先決條件；心理能力則是技術能力和戰術能力發揮的保證；智能則是戰術意識的基礎。因此，戰術訓練要同身體訓練、技術訓練、心理訓練和智力訓練等結合進行，相互促進，以提高戰術訓練的效果。

5.戰術訓練要有創新意識

隨著現代散打比賽的日趨激烈，技術、戰術發展變化很快，戰術在不斷地創新。戰術的創新常能使對手束手無策，造成心理壓力而影響技戰術水準的發揮，所以能突出的提高戰術能力。因此，在戰術訓練的過程中，要充分調動運動員的積極性，促使他們開動腦筋，積極思維，有目的、有意識地進行戰術創新研究。

（二）戰術訓練的方法

1.分解與完整訓練法

分解戰術訓練法是指把一個完整的戰術組合過程劃分為若干個相對獨立的部分，然後分部分進行練習的方法。其目的在於讓運動員掌握某種戰術配合的基本步驟。例如，練習反擊時側彈腿擊頭的重創戰術，可分解為閃躲防守、上步、擊頭等幾個步進行訓練。

完整戰術訓練法是指完整地進行戰術組合練習的方法。這種訓練法常在運動員已具備一定的戰術知識和戰術能力後採用，其目的在於使運動員能夠流暢地完成整

個戰術組合過程。

2.減難與加難訓練法

減難訓練法是指以低於比賽難度的要求進行訓練的方法。例如，練習進攻戰術，可在同伴消極防守或不加防守的條件下進行，待運動員已掌握戰術的基本步驟後，逐漸加強防守提高難度以達到比賽的要求。

加難訓練法是指以高於比賽難度的要求進行訓練的方法。這種方法的目的是提高運動員在複雜困難的情況下運用戰術的能力。例如，與高一級別的高水準運動員進行對抗或女運動員與男運動員進行對抗等。

3.想像訓練法

又叫「假設性訓練」，是一種心理學訓練方法。即讓運動員設想對手各種不同的打法，假設性地運用相應的戰術打法與之進行對抗的形式。

例如，假想對手採用「進攻戰術」，即可用「反擊戰術」破之。可以一個戰術的反覆練習，亦可多個戰術的配合練習。可以「對影空擊」，也可以利用沙包、樹幹、假人等進行想練結合的練習。這種訓練方法的目的是幫助運動員在大腦中建立豐富而準確的戰術運動表象，從而正確掌握各種戰術的具體用法。

4.模擬訓練法

模擬訓練法是透過模仿比賽中主要對手的主要特徵

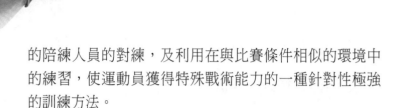

的陪練人員的對練，及利用在與比賽條件相似的環境中的練習，使運動員獲得特殊戰術能力的一種針對性極強的訓練方法。

模擬訓練有比賽對手的模擬訓練、比賽動作的模擬訓練和比賽環境的模擬訓練。例如，在同比賽相似的環境中，同相似於比賽對手的陪練人員進行練習。在練習中，要樹立從實戰出發的思想，以提高運動員的臨場適應能力和戰術運用能力。

5.實戰法

指在比賽中培養戰術能力的方法。即在比賽的條件下，按照競賽規則的規定和要求，訓練和培養運動員運用戰術的能力。能使運動員對戰術的理解更為直接和深刻，並豐富臨場比賽經驗。

實施時可進行多種形式的實戰，如同不同體重級別、不同技術水準的對手比賽；增加比賽時間和局數的比賽；以及與多名對手的「車輪戰」等。在參加重大比賽前安排的一些邀請賽或熱身賽等，其目的就是演練將在重大比賽中使用的戰術，以檢驗其有效性。

散打比賽的規則與裁判方法

一、散打競賽規則

(一)散打比賽的場地和時間

比賽場地為高 60 公分、長 800 公分、寬 800 公分的木結構的平臺，臺面上鋪有軟墊；軟墊上有帆布蓋單；臺中心畫有直徑 100 公分的陰陽魚圖。臺面邊緣有 5 公分寬的紅色邊線；臺面四邊向 90 公分處畫有 10 公分寬的黃色警戒線。臺下四周鋪有高 20～40 公分、寬 200 公分的保護軟墊（附：擂臺平面示意圖）。

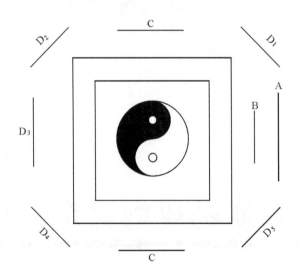

擂臺平面示意圖

注：A線：總裁判長、副總裁判長、宣告員席
　　B線：裁判長、副裁判長、計時、記錄員席
　　C線：運動員、教練員席
　　D線：1、2、3、4、5為邊裁判員席

每場比賽採用三局兩勝制，每局淨打 2 分鐘，局間休息 1 分鐘。

(二) 參賽運動員的資格審查

1.運動員必須攜帶《運動員註冊證》及本人 15 天以內縣級以上醫院出具的包括腦電圖、心電圖、血壓、脈搏在內的體格檢查證明。

2.運動員的年齡限在 18～35 周歲。

3.運動員必須有參加比賽的人身保險證明。

(三) 散打競賽的體重分級

1. 48 公斤級（>48 公斤）
2. 52 公斤級（>48 公斤～<52 公斤）
3. 56 公斤級（>52 公斤～<56 公斤）
4. 60 公斤級（>56 公斤～<60 公斤）
5. 65 公斤級（>60 公斤～<65 公斤）
6. 70 公斤級（>65 公斤～<70 公斤）
7. 75 公斤級（>70 公斤～<75 公斤）
8. 80 公斤級（>75 公斤～<80 公斤）
9. 85 公斤級（>80 公斤～<85 公斤）

10. 90 公斤級（>85 公斤～<90 公斤）

11. 90 公斤以上級（>90 公斤）

（四）稱量體重

1. 運動員必須按照大會規定的時間到指定地點稱量體重。稱量體重時裸體或只穿短褲，並在 1 小時內稱完，逾期取消全部比賽資格。

2. 稱量體重先從體重輕的級別開始，如體重不符，在規定的稱量時間內達不到報名級別時，則不准參加以後所有場次的比賽。

3. 每天參賽的運動員統一稱量一次體重。

（五）邾裝護具

1. 運動員必須穿戴大會指定的拳套、護頭、護齒、護胸、護襠、護腿。穿與比賽護具顏色相同的背心和短褲，護襠必須穿在短褲內（參加全國武術散打錦標賽的運動員僅佩戴拳套、護齒、護襠）。

2. 比賽的護具分紅、黑兩種。

3. 拳套的重量：65 公斤級及以下級別的拳套為 230 克；70 公斤級及以上級別的拳套為 280 克。

（六）競賽中的禮節

1. 介紹運動員時，運動員向觀眾行抱拳禮。

2. 每場比賽開始前，運動員相互行抱拳禮。

3. 宣布結果時，運動員交換站位，宣布結果後，運

動員先相互行抱拳禮，再同時向臺上的裁判員行抱拳禮，裁判員回禮；然後向對方教練員行抱拳禮，教練員回禮。

（七）禁擊部位與得分部位

1. 禁擊部位：後腦、頸部、襠部
2. 得分部位：頭部、軀幹、大腿和小腿

（八）禁用方法與可用方法

1. 禁用方法

（1）用頭、肘、膝和反關節的動作進攻對方。

（2）用迫使對方頭部先著地的摔法或有意砸壓對方。

（3）用腿法攻擊倒地方的頭部。

（4）用硬推的方法將對方推下臺。

2. 可用方法

除禁用方法外的武術各流派的攻防招法。

（九）得分標準

1. 得4分

（1）在一局比賽中，一方第一次下臺，對方得4分。

（2）用轉身後擺腿擊中對方軀幹部位而自己站立者。

（3）用主動倒地的動作致使對方倒地，而自己即刻站立者。

（4）使用勾踢將對方踢倒而自己站立者。

（5）使用騰空腿法擊中對方軀幹部位，而自己站立者。

2.得2分

（1）一方倒地（兩腳以外任何部位支撐臺面），站立者得2分。

（2）用腿法擊中對方軀幹部位者。

（3）被強制讀秒1次，對方得2分。

（4）受警告1次，對方得2分。

3.得1分

（1）用手法擊中對方得分部位者。

（2）用腿法擊中對方頭部和下肢（腳除外）者。

（3）運動員消極8秒，被指定進攻後8秒內仍不進攻，對方得1分。

（4）主動倒地超過3秒不起立，對方得1分。

（5）受勸告1次，對方得1分。

（6）使用方法雙方先後倒地，後倒地者得1分。

4.不得分

（1）方法不清楚，效果不明顯。

（2）雙方下臺或同時倒地。

（3）雙方互打互踢。

（4）用方法主動倒地，對方不得分。

（5）抱纏時擊中對方。

（十）犯規與罰則

1.犯　規

技術犯規：

（1）消極摟抱對方。

（2）處於不利狀況時舉手要求暫停。

（3）比賽中場外進行指導。

（4）比賽中對裁判員有不禮貌的行為或不服從裁判。

（5）比賽中大聲叫喊。

（6）有意拖延比賽時間。

（7）上場不戴或吐落護齒，有意鬆脫護具。

（8）運動員不遵守禮節。

侵人犯規：

（1）在口令「開始」前或喊「停」後進攻對方。

（2）擊中對方禁擊部位。

（3）用不允許的方法擊中對方。

2.罰　規

（1）每出現一次技術犯規，勸告一次。

（2）每出現一次侵人犯規，警告一次。

（3）受罰失分達6分者，判對方為勝方。

（4）運動員故意傷人，取消比賽資格，判對方為勝方。

（5）運動員使用違禁藥物，局間休息時輸氧，取消比賽資格。

（十一）散打比賽結果的判定

1.優勢勝利

（1）在一場比賽中，3次有效使用4分動作者（下臺除外）。

（2）在比賽中，雙方實力懸殊，臺上裁判員徵得裁判長的同意，判技術強者為該場勝方。

（3）被重擊（侵人犯規除外）倒地不起達10秒，或雖能站立但知覺失常，判對方為該場勝方。

（4）一場比賽中，被重擊強制讀秒（侵人犯規除外）達3次，判對方為該場勝方。

（5）比賽中，運動員出現傷病，經醫生診斷不能繼續比賽者，判對方為該場勝方。

2.在每局比賽結束時，依據邊裁判員的評判結果，判定每局勝負。

3.一局比賽中，一方受重擊被強制讀秒（侵人犯規除外）2次，另一方為該局勝方。

4.一局比賽中，一方2次下臺，另一方為該局勝方；兩次有效使用4分動作者為該局勝方。

5.一局比賽中，雙方出現平局，按下列順序判定勝負

（1）本局受警告少者為勝方。

（2）本局受勸告少者為勝方。

（3）體重輕者為勝方（以當天體重為準）。

上述三種仍相同，則為平局。

6.一場比賽，先勝兩局者為該場勝方。

7.比賽中因一方犯規，另一方詐傷，經醫務監督確診後，判犯規一方為該場勝方。

8. 因對方犯規而受傷，經過醫務監督檢查確認不能再比賽者，為該場勝方。但不得參加以後的比賽。

9. 淘汰賽時，一場比賽中，如獲勝局數相同，按下列順序決定勝負。

（1）受警告少者為勝方。

（2）受勸告少者為勝方。

（3）體重輕者為勝方。

上述三種情況仍相同，則加賽一局，依次類推。

10. 循環賽時，一場比賽中，如獲勝局數相同，則為平局。

二、散打裁判方法

（一）達不到報名級別

達不到報名級別，是指運動員在稱量體重時的體重，超出了所報級別規定的區間範圍。例如，75 公斤級的區間範圍是 70 公斤以上至 75 公斤，所報該級別運動員的體重必須在這個區間範圍內，如果運動員的體重在 70 公斤以下或 75 公斤以上，就不符合要求，則不准參加比賽。

（二）用頭、肘、膝進攻對方

用頭、肘、膝進攻對方，是指以上部位採用動作主

動發力頂撞對方。只要擊中就要根據「規則」的有關條文，視情節輕重給予不同的判罰。

(三)進攻反關節

進攻反關節，是指採用方法擊打對方的關節，迫使關節超出正常活動範圍的運動，而造成關節損傷的進攻動作。例如，當對方手臂或下肢伸直的瞬間，將其關節前端固定的同時，用動作擊打關節。或者兩點相向交錯合擊關節。如果使用正常的攻防方法，雖然擊中關節部位，但關節沒有超出正常的活動範圍，不屬於進攻反關節。

(四)迫使對方頭部先著地的摔法

迫使對方頭部先著地的摔法，是指在使用摔法過程中，採用控制性的手段，強迫對方頭部先著地，有意傷害對方。

判斷是否使用了迫使對方頭部先著地的摔法，一般應符合下列三種情況。

1. 對方處於被控制狀態時，採用招法使其頭部朝下落地，而無法使用自我保護的倒地動作。

2. 對方處於懸空狀態時，突然改變對方的姿勢狀態迫使其頭部朝下落地。

3. 臨近倒地狀態時，突然擰轉對方頭部，迫使對方頭部先著地。

如果採用正常的摔法，被摔的一方因自己的保護能

力差，倒地動作不合理造成頭部先著地，不屬判罰的範圍。

（五）有意砸壓對方

有意砸壓對方，是指對方倒地時，用身體的某一部位順勢加力於對方。達到喪失對方戰鬥力的目的行為。具體表現為三種情況。

1. 對方倒地時，並沒有抱、拉自己，而有意向下用力騎、壓在對方身上。

2. 在倒地的同時或之後，有意借力以身體的某一部位頂、砸、撞、壓對方。

3. 對方已處於懸空狀態倒地時，故意加力將其向下砸落在擂臺上。

（六）擊　中

擊中，是指運動員使用方法，打上對方後產生相應效果的一種標誌。表現在以下三個方面：

1. 看位移。擊中頭部、軀幹，必須造成對方制動、震動、晃動、後退等位移現象。

2. 聽聲音。擊中臀部以下的部位，不容易造成位移。但會產生清脆或沉悶的擊打響聲。

3. 看防守。被擊中者，對於對方的攻擊動作沒有任何相應的防守動作；或擊中在先，防守在後。

符合上述 3 條標準之一，就是擊中。

(七) 實力懸殊

實力懸殊，是指雙方運動員智能、技能、體能的綜合能力反差較大。比賽中的主要表現為「只有招架之功而無還手之力」。總是處在被動挨打的地位。

為了保護弱者而不致於產生傷害事故，只要出現這樣的情況，臺上裁判員徵得裁判長的同意後，宣布強者為優勢勝利。

(八) 強制讀秒

強制讀秒，是指運動員受到重擊之後，產生強烈的震動、晃動、失衡、倒地、痙攣、疼痛難忍等現象時，臺上裁判員採用讀秒的方法，使受擊者有短暫的恢復時間，從而保證運動員的安全。

強制讀秒時，臺上裁判員應迅速靠近被讀秒的運動員，既能保護受重傷的運動員，又能清楚地觀察其臉部表情。站的位置不要擋住裁判長的視線，讓裁判長也能觀察到被擊運動員的情況。

強制讀秒有讀 8 秒和讀 10 秒之分。臺上裁判員在讀秒過程中，運動員如果舉手示意繼續比賽，必須讀完 8 秒才能停止讀秒。然後觀察運動員是否知覺正常，如果知覺恢復正常，馬上恢復比賽，如果知覺沒有恢復正常，或者本人沒有任何想繼續比賽的表示，必須繼續讀到 10 秒，表示該場比賽已終止，然後根據規定宣布比賽結果。

如果運動員出現休克、關節脫臼、骨折等危險狀態時，可以不讀秒，立即以手勢請醫生將運動員送到後場急救處理，然後根據規定宣布比賽結果。

讀 8 秒有下列情況：

1. 運動員採用可用的方法，擊中的是得分部位，致使對方被強制讀秒。

2. 運動員採用的是禁用方法，或者採用的是可用方法而擊中的是禁擊部位，造成對方被強制讀秒時，應判侵人犯規。

(九)消極摟抱

消極摟抱，是指為了達到不讓對方進攻或反擊的目的而採取抱住對方的一種行為。具體表現為：

1. 用拳法或腿法擊打對方後，為了防止對方反擊，馬上抱住對方，既不使用任何進攻方法，也不讓對方使用方法反擊，抱纏在一起，等待臺上裁判員喊「停」。

2. 運動員在得分領先的情況下，由於體力不好等原因，為了保持戰果，一有機會就抱住對方，消極等待裁判員喊「停」，以此來消磨比賽時間。

(十)消極8秒

消極 8 秒，是指臺上裁判員用手勢指定進攻後，運動員在 8 秒鐘內仍不進攻的行為。消極 8 秒包括一方運動員消極 8 秒和雙方運動員消極 8 秒。

一方運動員消極 8 秒，是指裁判員發出「開始」的

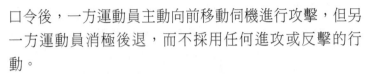

口令後，一方運動員主動向前移動伺機進行攻擊，但另一方運動員消極後退，而不採用任何進攻或反擊的行動。

雙方消極 8 秒，是指裁判員發出「開始」口令後，雙方運動員都消極等待，均不採取任何有效的攻擊行動。

對於前者，用手勢指定消極方進攻；後者可以任意指定一方或雙方進攻。被指定進攻以後如在 8 秒鐘仍不進攻，就可以喊「停」，判消極 8 秒。前者判指定方為消極；後者判雙方消極。